中等职业教育系列教材

中等职业教育系列教材编委会专家审定

文书与档案管理

主　编　李俊梅

副主编　程安宁

北京邮电大学出版社

·北　京·

图书在版编目(CIP)数据

文书与档案管理/李俊梅主编. —北京:北京邮电大学出版社,2007(2012.6 重印)

ISBN 978 - 7 - 5635 - 1513 - 4

Ⅰ.文…　Ⅱ.李…　Ⅲ.①文书工作—专业学校—教材 ②档案管理—专业学校—教材　Ⅳ.C931.46　G271

中国版本图书馆 CIP 数据核字(2007)第 117648 号

书　　名 文书与档案管理
主　　编 李俊梅
责任编辑 周　堃　覃丰菊
出版发行 北京邮电大学出版社
社　　址 北京市海淀区西土城路 10 号　邮编 100876
经　　销 各地新华书店
印　　刷 北京市彩虹印刷有限责任公司
开　　本 787 mm×960 mm　1/16
印　　张 13.5
字　　数 277 千字
版　　次 2007 年 9 月第 1 版　2012 年 6 月第 5 次印刷
书　　号 ISBN 978 - 7 - 5635 - 1513 - 4
定　　价 22.00 元

如有印刷问题请与北京邮电大学出版社联系　电话:(010)82551166　(010)62283578
E - mail:publish@bupt.edu.cn　Http://www.buptpress.com

出版说明

本书是中等职业学校文秘专业教材，根据教育部中等职业学校文秘专业教学大纲编写。作为中等职业学校文秘专业的一门主干专业课程，《文书与档案管理》的主要任务是：讲授有关办公室程序性工作的专业基础知识，训练学生从事办公室程序性工作的基本技能，使其形成综合职业能力，为其从事文秘工作奠定一定的基础。

基于此，该书在主要阐述了文书、档案工作的基本知识，公文的概念、特点、要求等同时，按照文书处理与档案管理的工作程序，详细介绍了文书处理、文件的整理与归档，以及纸质档案管理和新型载体档案管理等内容。将文书工作和档案管理工作紧密结合起来，力求按照现代文书、档案工作的实际，在阐述文书工作和档案管理基本理论的基础上，着重说明机关文书工作和档案管理工作中的实际操作问题。

本书可作为中等职业学校和成人高校以及民办高校的教材，也可供国家、地方各级档案馆及院校、机关、企事业单位的图书馆、档案室的工作人员作为培训、自学的辅助读物。

当然，由于编者精力和水平有限，书中难免存在一些不足和疏漏，恳请广大师生及读者不吝提出批评、指正。在此深表谢意。

编　者

目　　录

上篇　文书工作

下篇　档案管理

上篇　文书工作

第一章　文书工作概述

自从文字产生以后，人们就以文字记录的方式来记述事情和表达思想，这就产生了“文书”。任何社会组织和国家管理机构都要利用文书来记录事件、传递信息和发号施令。

第一节　文　　书

纵观中国五千多年的历史，文书的产生与发展可谓源远流长。

一、文书及其发展

(一)文书的内涵

1. 文书的概念

“文书”，既可以指记录下来的文字材料，也可以指从事文字工作的人或职业、职务名称。

“文书”主要有两种含义：

◆ 第一，“文书”是指物。

即国家机关、社会团体、企事业单位在公务活动中或个人、家庭、家族在私务活动中所形成的文字、图表、声像等记录材料。

◆ 第二，“文书”是指人。

即在国家机关、社会团体、企事业单位里从事文书起草、处理、保管等相关工作的专职人员。

本书主要介绍的是第一种含义。

美国历史学家卡尔·贝克说，“历史作为一个实实在在的原事件，它已经消逝了。因此在处理它时，我们所能作为观察或试验的唯一客观的真实乃是事件遗留下来的某种物质遗迹——通常是一种书写的文件。”

总之，“文书”是人们在社会实践活动中，为了记载、公布、凭证和传递信息的实际需要，以文字或声像的方式在一定介质上表达思想意图的一种信息材料。

2. 文书的类型

文书主要包括公务文书和私人文书,具体是指:

◆ 公务文书统称为公文,是国家机关、社会团体、企事业单位在公务活动中所形成的具有法定效力和规范体式的文件材料。

◆ 私人文书是指个人或家庭、家族在非公务活动中形成和使用的文书,内容属于私人性质。

例如,著作、手稿、传记、日记、证书、房地契等。

(二)文书的产生与发展

人类社会自从发明了文字,就开始有了文书。文书随着人类社会生活的发展,也经历了漫长的发展阶段,具体表现在:

◆ 远古时代,人们把文书刻在崖壁上,或刻在动物的骨头、龟甲板上,这就是中国早期殷商时代的“刻辞”,又叫甲骨文。

“众人协田”牛骨刻辞,是商王命令众人进行协田活动的行政文书,可能是中国最早的文书。

根据考古的发现,我国现存最早的公务文书,是在河南省安阳县发现的甲骨文书,其中大部分是殷朝后期几个王朝的活动记录和奴隶主的文告。

◆ 后来,文书刻到了木片和竹简上。

老子的《道德经》、孙武的《孙子兵法》、“孔子作《春秋》”,孔子还亲自编撰了《诗经》,以后“四书”、“五经”、屈原的《离骚》、吕不韦的《吕氏春秋》、秦始皇的统一文字、萧何的《九章律》、司马迁的《史记》……把中国古代文书推向了发展高峰。

◆ 自从东汉发明纸张以后,“文书”主要是指以纸为介质的书面文字材料。

从汉代最早出现“文书”一词的资料看,当时的文书是指一些有史料价值的文字材料,即文籍典册。

◆ 唐宋以后,相当于“文书”一词的名词概念,其含义更狭窄一些,主要是指一些实用性较强的文字材料。

◆ 现在随着社会的发展,“文书”概念的内涵和外延都有了很大的变化和发展。

二、文书的构成要素

文书主要是由符号、物质、信息三要素构成的,下面分别介绍:

(一)符号

文书的内容主要是依托一定的符号来记载、表达和传递的。按其表现形式,符号可分为图形符号和文字符号。

1. 图形符号

图形符号指图像、图表和各种标点符号及色彩,它主要对文字信息起辅助说明的作用。

例如，公文中的红色反线，即表示这是行政公文；如果红色反线中间有一颗红色的“★”，则表明这是一份党内文件。

2. 文字符号

文字符号指各国、各民族的语言文字，也包括各种数码符号，它是迄今为止文书信息赖以记载、传递的最主要工具。

（二）物质

文书的物质构成是指符号也必须以某种物质作为介质才能存在。文书的物质构成要素大致包括显字材料和书面载体两个方面，具体是指：

1. 显字材料

显字材料指附着于书面载体之上，能显示文字符号的物质。显字材料的主要要求是：

◆ 除了古代甲骨、石头、金属和有些竹简上的文字符号是用利器划刻或铸成凹凸形状借以显示的以外，其他材质，如羊皮、树皮、帛、纸等载体上的显示材料，一般要求是与这些载体颜色反差较大的涂写物质。

◆ 现代纸质文书的显字材料大多是墨水或油墨。对显字材料的要求是：附着牢固、不易褪色和变形。

◆ 现代“电子文书”则告别了传统的显字材料，必将根本改变整个文书处理工作的手段和方式。

2. 书面载体

书面载体指文书符号要素赖以附着的看得见、摸得着的物质，如古代的甲骨、金属、石头、竹简、羊皮、树皮、缣帛，直到后来的纸张等。

文书的书面载体是随着社会科学技术的发展而发展的，主要体现在：

◆ 自从纸张发明以来，文书的书面载体就主要是纸了。

◆ 随着现代社会计算机和信息技术的发展，文书的物质要素也有了巨大的变化，即除了纸质文书外，“电子文书”的使用范围越来越广，文书的介质发展到了纸以外的光、电、波等。

（三）信息

自古以来，文书就是记录和传递信息的重要工具，现代文书更是以记载信息、沟通信息为目的。文书的信息主要包括核心信息和附加信息两个方面，主要体现在：

1. 核心信息

核心信息是指文书所记载的主要内容，具体表现在：

◆ 可以是某件事情的来龙去脉，或是某些数据等。

◆ 也可以是某些思想、观念，甚至可以是一些图像、声音等。

◆ 对于公文来说，其核心信息除了正文所表达的内容外，还包括公文的标题、主送机关、发文机关(单位)、成文时间等这些体现制发公文目的的要素。

2. 附加信息

因实际需要,根据不同的核心信息而附加的带有补充说明性质的信息,就是附加信息。例如,文书生成的时间、地点、机关(单位)名称、份数、是否有保密要求等。

对于公文来说,附加信息还包括公文的发文字号、秘密等级和期限、紧急程度、主题词、印章、抄送机关、印发机关、印发时间等。

三、文书的特点

随着文书的产生与发展,其主要具有如下几个特点:

(一)实用性

文书是人们为解决社会生活中的现实问题而形成的文字材料。文书的实用性也是其区别于其他文字材料如小说、诗歌等的重要特征。

因此,也可以说,文书是各级各类社会组织管理政务的工具。

(二)记录性

文书是人们社会实践活动的原始记录。对于各级管理者来说,文书就是管理工作的原始记录。

这种原始的记录性真实地反映了历史的原貌,是文书区别于其他文字材料如图书、情报等的根本特征。

因此,可以说,文书是历史的记录。

(三)信息性

由于公务文书都是为了解决某个实际问题而制发的,因此,可以说,每一份公务文书都承载着一定的实用信息,对各机关、组织的公务活动都起着一定的或指导,或联系,或知照的作用。

(四)法定性

文书的法定性,主要体现在:

◆ 公务文书,不论是公文还是其他事务文书,都不是谁想写就可以写的,它们必须由法定的作者制成和发布。

所谓"法定的作者",是指依法成立,并能以自己的名义行使法定的职能权力和担负一定的任务、义务的机关和组织。

◆ 作为文书组成部分的公文,其法定性还表现在它有法定的体式和法定的撰制、处理程序等。

(五)权威性

公务文书的权威性是宪法赋予的,它承担着宣传、贯彻党和国家的方针、政策、法律、法规的任务,代表着国家权力机构对整个社会发展方向的宏观指导,有很强的权威性和政治性。

例如,我国是中国共产党领导下的社会主义国家,作为代表国家意志的公务文书,对于巩固人民民主专政、保障广大人民的根本利益、维护正常的社会秩序、安定社会生活,都起着重大的作用。

第二节　文书工作

一、文书工作的发展历史

(一)文书工作的含义

有文书,就必然有文书工作。

文书工作,也称文书处理工作,是指公务文书的形成、处理和管理等一系列互相衔接的程序和手续。

(二)我国文书工作的发展阶段

文书工作在我国也经历了一个漫长的发展过程,具体体现在:

1. 我国在商朝就有了初步的文书处理工作

史官是我国最早的文书工作人员,它是由原始社会的“巫”发展而来的,具体是指:

◆ 由于“巫”被认为有沟通人与神之间关系的能力,因此,在商朝,史官也被认为是传达“神”的意志的人。

◆ 统治者的一切行动,包括战争、祭祀、寻猎、嫁娶、治病等,都要占卜问神,也就等于要问史官。

◆ 史官不但掌握了占卜祭祀的大权,而且还掌握了王室诸事的记录,即掌握了文书处理的大权。

2. 封建社会文书工作的发展

我国古代封建社会的文书工作大致可以分为两个阶段,主要体现在:

◆ 从战国后期至南北朝为第一阶段

这一时期的文书工作还缺乏系统、规范的制度。

◆ 从隋朝至鸦片战争为第二阶段

这一时期的文书工作有了高度发展,建立了一整套比较系统、规范的制度,对文件的名称、用途、格式等作了严格的规定,并对文件的撰制、运转、保密、监督等也作了详细的规定。

同时,文书工作的组织机构也已相当完备,当时公文的传递网已有了相当的规模。

3. 民国以后文书工作的发展

民国时期,我国的文书工作有了较大改观,特别是新中国成立以后,建立了全国统一的文书工作制度。

二、文书工作的基本特征

文书工作主要有以下几个基本特征:

(一)政治性

文书工作事关国家大政,必然表现出强烈的政治性。

在我国,长期以来,国家的各项方针、政策、法令、法规等都是以文件形式下达,文件成了我们党和国家政治领导、思想指导的重要工具。

(二)服务性

文书工作是服务于机关领导和职能活动的行政辅助性工作。因此,它的最主要的目标是可靠地、高速度地、高效率地为本单位工作职能的实现提供优质的服务。

(三)规范性

文书工作有一套严格、规范的程序标准。

例如,为了提高文书处理工作的效率和质量,国家有关部门制定了文书工作的统一规范标准,文书工作必须严格按规范操作,保证文书处理的各项工作科学、规范、高效、有序地完成。

(四)时限性

文书工作是一项时限性很强的工作。

例如,古时候有百里加急、千里加急送文书的习惯,秦始皇修驿道,就是为了送文书。一封皇帝的文书从京城送到边塞,日夜兼程,换马不换人,不知要跑死多少好马。

(五)机要性

文书工作是机要部门的工作。秘书和机要部门是机关、企事业单位的核心部门,文书工作是秘书部门一项经常性的重要工作。

因此,加强文书处理各环节中的保密工作至关重要。

三、文书工作的基本内容

文书工作的内容主要包括文书的形成、文书的处理和文书的管理三大部分,具体阐述如下:

(一)公务文书的制作形成

制作公文和文件是文书处理的首要任务,具体过程包括:

- 拟稿、审核、签发、复核、缮印、校对、盖章等环节。
- 对各种会议、汇报、电话、重大活动的记录及其整理等环节。

(二)公务文书的传递

在公文文书制作形成后,除存本和定稿直接归档保存外,其他文本都要进行传递、运转,其方式主要有：

◆ 传统的文书传递主要依靠人工方式。

◆ 现在由于电子文件的出现和通讯技术的现代化，现代文书的传递手段有不少已实现了自动化。

（三）公务文书的办理

文书的办理过程主要包括：

◆ 对文件的拟办、批办、承办、催办、查办等环节；

◆ 对人民来信的处理过程。

（四）公务文书的管理

为了保证文书在处理过程中避免受到各种因素的干扰和影响，避免偏离既定的运行方向，因此，必须对文书处理全过程的每一个环节加强监督和管理。

（五）公务文书的整理归档或销毁

文书处理就是要对公务文书进行科学地整理，把其中具有保存价值的部分，按一定的方法和要求整理归档，作为历史凭据而以供后人查考、研究和利用。

另外，没有保存价值的公务文书应按一定程序予以销毁。

四、文书工作的基本原则和要求

（一）文书工作的基本原则

1. 时效性

及时、迅速地办理文书是文书工作最基本的原则之一。作为秘书，必须对文书处理工作有紧迫的时间观念，力求及时解决问题。主要应做到：

◆ 文书工作的每一道程序都应当分清轻重缓急，对有明显时间要求的紧急文件，首先要保证及时处理。

例如，按规定，“特急”文件要求24小时内处理完毕；“紧急”文件要求3天内处理完毕；对没有十分明确的时间要求的文件，也应抓紧处理，不可迁缓停滞，积压不动（按规定，一般文件要求7天内处理完毕）。

◆ 为了做到“及时、迅速”地处理文书，各机关、企事业单位应当健全文书处理的制度，尽量简化手续和层次，并尽可能地运用现代化技术手段，以切实加速文件的运转，提高处理工作效率。

2. 实事求是

实事求是是中国共产党的优良传统，也是文书工作的基本思想原则。

实事求是原则要求文书工作人员办理公文时应尊重客观事实，不搞主观臆断，一切从实际出发，如实反映客观事物的本来面目，讲求办文的实际效果。

3. 保密

大部分的公文都带有一定的保密性，因此，办公室文员在公文处理过程中，一定要有保密意识，主要应做到：

◆ 一切尚未公布的机密文件，经手办理的文书工作人员，都要注意保密，不得随便给无关人员阅看或与之谈论。

◆ 文件的运转交接应当严格登记，履行签收手续，明确责任，并严防文件丢失。

4. 少而精

精简、优质、改进文风，是文书工作的又一项重要原则。

因此，要注意办文质量，控制发文数量，有的放矢地解决实际问题。

（二）文书工作的基本要求

为了更好地遵守国家对文书处理工作的基本原则，在实际工作中应做到以下要求：

1. 准确

文书处理工作一定要做到准确，主要体现在：

◆ 从内容上、文字上、体式上保证文书的准确性，做到观点正确，文字通顺，体式符合要求，力求减少差错。

◆ 在管理上，要求准确地划分文书的立卷范围与保存价值，保证文书的齐全和完整，提高档案的入馆质量。

2. 及时

文书处理工作也要做到及时，具体体现在：

◆ 草拟文件要及时，反对拖延；

◆ 收发文件要及时，反对积压；

◆ 贯彻执行文件要及时，反对迂缓。

3. 简化

简化是为了提高效率，在进行文书处理过程中注重简化，就要做到：

◆ 在保证文书处理具有相同功效的前提下，尽量简化文书的拟写、处理程序。

◆ 简化文书处理的各项管理环节。

4. 统一

统一是指统一的管理、统一的程序和统一的制度，具体应做到：

◆ 各单位要由文书部门统一管理文书处理工作，负责文书的收发、分办、传递、用印和立卷归档。

◆ 建立、健全统一的文书签发、文书保密、文书用印和文书的立卷、归档制度。

◆ 其他任何部门、任何人员都不能擅自收发、留存和销毁文件。

5. 保密

文书工作要做到保密就应该做到，凡是具有密级的文件，都必须遵守有关保密规定，在一定的范围内传阅和处理。

总之,保密工作关系到国家和人民的利益,必须慎之又慎。

◎ **本章小结**

1. 文书是人们在社会实践活动中,为了记载、公布、凭证和传递信息的实际需要,以文字或声像的方式在一定介质上表达思想意图的一种信息材料。

2. 文书在我国有着悠久的历史,经历了漫长的发展过程,对于现代社会的管理起着极其重要的作用。

3. 文书主要包括公务文书和私人文书。

4. 文书工作,也称文书处理工作,是指公务文书的形成、处理和管理等一系列互相衔接的程序和手续。

5. 政治性、服务性、规范性、时限性以及机要性是文书工作的基本特征。

6. 文书工作的内容主要包括文书的形成、文书的处理和文书的管理三大部分。

7. 文书工作的基本原则是时效性、实事求是、保密以及少而精。

8. 文书工作的基本要求是准确、及时、统一、简化、保密。

◎ **练习题**

1. 如何理解文书的概念?
2. 文书的构成要素有哪些?
3. 文书有哪些基本特点?
4. 文书经历了哪些发展阶段?
5. 文书工作的含义是什么?
6. 文书工作的特征有哪些?
7. 文书工作的基本内容是什么?
8. 文书工作的基本原则与要求是什么?

◎ **课后阅读**

小何是这样开始从事文书处理工作的

小何刚开始做文书处理工作时,对文书处理的手续掌握不严,文件的传、借全无记载。因此,工作不到三个月的时间,就有两次调不出文件来,影响了工作。

事实使她认识到,文书处理工作是一项重要而细致的工作,要求从业人员具备一定的业务水平和办事能力;同时,要建立并严格执行文书处理制度,以保证工作质量。

于是,她采取了一系列的措施:

◆ 首先,固定文书处理人员。

由她负责全局文件收、发、传、借、催办的工作,各处、室另设一名经常在单位工作的同志兼管文件,把住各处、室的文书处理关口。

◆ 其次,建立了责任制。

在简化手续,便利工作,保证文件齐全的前提下,只用收文簿和借阅卡片两种收、发、借阅工具管理文件。

具体做法是:来文在收文簿上登记,传阅文件交给该处、室管理文件的同志,并让他在收文簿上签字。办文在此簿上注明“办”字,办完再在“办”字前边填“已”字,合成“已办”二字。借阅文件都要填写借阅卡片,填完后卡片要放在文件的原位置上,送还时再抽出卡片。

◆ 另外,建立时间制度。

传、借阅文件都规定了阅读时间,到期者及时催还,借阅文件到期如没阅完,可办续借手续,继续借阅。

文件收回后,一般是即时归档,如因工作忙,最迟也应在当日归档,这样才能不致丢失文件,不泄密。

文件归档后,都要在收文簿上写“存”字,平时查找文件时,只要看一下收文簿就知道该文件是否归档和在哪个案卷里,同时,也减少了年终查对文件的手续。

由于领导的重视,同志们的帮助,特别是各处、室兼管文件同志的认真协助,小何不但完成了文书处理工作任务,而且文件收集得很齐全。

第二章 文书的主体(公文)

公文是文书管理工作的对象,文书的处理和整理归档工作都是围绕着公文展开的,因此,必须掌握公文的一般知识。

第一节 公文概述

一、公文的概念

公文,也叫公务文书,它有广义和狭义之分,具体是指:

◆ 广义的公文是指党政机关、社会团体、企事业单位在公务活动中使用的一切文字材料。

◆ 狭义的公文是指在管理国家机关政务和企事业单位事务过程中形成和使用的具有法定效力和规范体式的公务文书,即法定行政公文。

二、公文的种类与分类

(一)公文的种类

1. 我国法定行政公文的种类

2000 年中华人民共和国国务院办公厅发布(修订)了《国家行政机关公文处理办法》,规定我国各级各类国家行政机关使用的文种有:命令(令)、决定、公告、通告、通知、通报、议案、报告、请示、批复、意见、函、会议纪要等,下面分别介绍:

(1)命令(令),主要适用于:

◆ 国家行政机关依照有关法律规定发布行政法规和规章;

◆ 宣布施行重大强制性行政措施;

◆ 奖惩有关人员,撤销下级机关不适当的决定。

(2)决定,主要适用于:

◆ 对重要事项或重大行动作出决策和安排;

◆ 奖惩有关单位及人员;

◆ 变更或者撤销下级机关不适当的决定事项。

(3)公告,主要适用于:

◆ 向国内外宣布重要事项或者法定事项。

(4)通告,主要适用于:

◆ 在一定范围内公布应当遵守或者法定周知的事项。

(5)通知,主要适用于:

◆ 适用于批转下级机关的公文;

◆ 转发上级机关和不相隶属机关的公文;

◆ 传达要求下级机关办理和需要有关单位周知或者执行的事项。

(6)通报,主要适用于:

◆ 表彰先进,批评错误,传达重要精神或者情况。

(7)议案,主要适用于:

◆ 各级人民政府按照法律程序向同级人民代表大会或人民代表大会常务委员会提请审议事项。

(8)报告,主要适用于:

◆ 向上级机关汇报工作,反映情况,答复上级机关的询问。

(9)请示,主要适用于:

◆ 下级向上级请示问题,并要求上级对所请示的问题给予批示或答复。

(10)批复,主要适用于:

◆ 答复下级机关的请示事项。

(11)意见,主要适用于:

◆ 对重要问题提出见解和处理办法。

(12)函,主要适用于:

◆ 不相隶属机关之间商洽工作、询问和答复问题,向无隶属关系的有关主管部门请求批准等。

(13)会议纪要,主要适用于:

◆ 记载、传达会议情况和议定事项。

总之,这13种行政公文,是国家最高级行政机关国务院以法规性文件形式发布的,具有极高的权威性和严肃性,被称为法定公文。

2. 其他有关公文的种类

(1)事务性公文的种类

事务性公文是各级机关、社会团体、企事业单位处理日常事务,用来沟通信息、安排计划、总结经验、调查研究问题、指导工作的一类公文。

事务性公文的主要文种有计划、总结、简报、工作要点、汇报提纲等,具体情况如下:

◆ 计划

计划是对未来一个时期内工作、学习、生产提出预想的目标,并制定出实现这个目标的具体步骤、方法和措施的书面材料。

◆ 总结

总结是对前段工作、学习、生产进行检查回顾,从中找出经验和教训而形成的一种文字材料。

通过总结,可以全面、系统地了解前段工作、学习、生产情况,找出经验和教训,避免在今后工作中走弯路,从而提高工作效率或学习、生产质量。

◆ 简报

简报是各机关、单位简要报道工作情况、交流重要信息的常用事务性文书。

简报具有多重性能,内容包罗万象,编印形式灵活,在各级党政机关、企事业单位和人民团体的实际工作中被广泛使用。

◆ 工作要点

工作要点是对一定时期内的工作提出指导原则和总的要求的一种书面表达形式。

◆ 汇报提纲

汇报提纲是上级领导机关检查工作时,下级机关为汇报工作而写出的纲要。

(2) 党的机关公文种类

《中国共产党机关公文处理条例》中规定的党的机关公文种类,共有十四种:决议、决定、指示、意见、通知、通报、公报、报告、请示、批复、条例、规定、函、会议纪要。

其中除了决议,指示、条例、规定外,其余的与行政公文相同。

(3)香港、澳门的公文种类

我国香港、澳门地区的现行公文主要有:令、通告、公函、通函、布告、告示、报告、会议记录等。

(4)台湾的公文种类

我国台湾省的行政公文主要有六类:令、呈、咨、函、公告和其他公文(书函、表格式公文等)

(二)公文的划分类别

公文的分类,根据不同的标准,可以划分为不同的类别,主要有:

1. 按公文的来源分类

根据公文的来源划分,主要有收来公文和外发公文两类,具体是指:

◆ 收来公文是指本机关收进外部机关制发的公文,包括上级机关、下级机关、同级机关和不相隶属机关的各种来文。

◆ 外发公文是指本机关撰制向外部机关发送的公文。

外发公文直接反映本机关行使职权、完成工作任务和进行各项公务活动的真实情况。

2. 按公文的性质和作用分类

根据公文的性质和作用划分,主要有指导性公文、报请性公文、知照性公文、商洽性公文、记录性公文,具体是指:

◆ 指导性公文:用于上级机关颁布方针、政策、法规,指导下级机关工作的公文,如命令

(令)、决定、批复、意见等。

◆ 报请性公文:用于汇报工作,陈述情况,提出意见、建议,请求指示、批准的公文,如请示、报告、意见、议案、函等。

◆ 知照性公文:用于沟通情况、联系工作,需要办理、周知或遵守的有关事项的公文,如公告、通告、通报、通知等。

◆ 商洽性公文:用于不相隶属机关之间商洽工作,讨论问题的公文,如函。

◆ 记录性公文:用于记载、归纳会议的基本情况,议定的事项,以备查考的公文,如会议纪要。

3. 按行文关系分类

行文关系是指机关与机关之间的公文往来关系。从一个单位的对外文件来说,可以按照它们的行文关系、文件的去向,划分为上行文、下行文和平行文三类,具体是指:

◆ 上行文是下级机关向上级机关报送的公文,如报告、请示等。

◆ 平行文是同级机关或不相隶属机关之间往来的公文,如函等。

◆ 下行文是上级机关向所属下级机关发送的公文,如决定、指示等。

4. 按公文的使用范围分类

根据公文的使用范围划分,可以分为专用公文和通用公文两大类,具体是指:

◆ 专用公文是指在司法、外交、军事、商务等部门根据特殊需要所使用的特种公文。

例如,司法公文中的起诉状,外交公文中的议定书,军事公文中的战斗命令,商务公文中的市场调查报告等。

◆ 通用公文是指在机关、社会团体、企事业单位中普遍使用的行政公文和事务性公文。

5. 按公文制发机关的性质和公文内容分类

根据公文制发机关的性质和公文内容,可将公文划分为法规文件、行政文件和党内文件三类。

6. 按公文的密级程度分类

根据公文的密级程度,可将公文分为绝密文件、机密文件、秘密文件和普通文件。

三、公文的特点

公文主要具有以下特点,具体如下:

(一)法定性

公文的法定性特点,主要体现在如下几个方面:

◆ 公文必须由法定的作者制成和发布。

“法定的作者”,是指依法成立并能以自己的名义行使法定的权力和承担义务的组织或其法人代表。

党政机关、团体、企事业单位,都是依据法律建立而合法存在的,它们都具有法人资格,这些组织及其领导人可以机关或机关领导人的名义,根据其法定职能和权限制发公文。

◆ 法定的作者也不能随便用什么名义发表,其使用的名义也是法定的。

也就是说,文件是以机关的法定名义或机关某一部门的法定名义制发的。

例如,国务院文件、某省人民政府文件是以机关的名义制发的;某省人事厅文件、某县委组织部文件是以机关的某一个部门的名义制发的;工厂、学校、科研单位的文件是以企事业单位的名义制发的。

机关的发文有时也用国家领导人或机关首长的名义。如中华人民共和国主席令、国务院总理令,以及机关首长对所属工作人员的任免令(或任职通知)等,而这些领导或首长的名义也是法律所赋予的。

(二)政治性

公文具有鲜明的政治性,它是执政者意志法制化的书面形式,是执政者用来使社会按照自己的意向发展的一种政治性的书面文体。

例如,我们的国家是在中国共产党领导下的社会主义国家,我国党政机关公文的政治性,表现在它为巩固人民民主专政服务,为党和国家所代表的广大人民的根本利益服务,为实现国家的现代化建设服务。

(三)权威性

公文传达法定机关的指挥意志和领导意图,在法定机关职权范围内,对人们的思想、行为、工作等加以规范,具有法定的权威和效力,这种权威性也是法律所赋予的。

比如,党中央的文件是党章所赋予的,它代表党的中央委员会,具有最高领导机关的法定权威,传达的是党中央的意见;国务院是全国最高的行政机关,它所制定和颁发的文件是宪法所赋予的,它代表中央人民政府的职能和职权范围,具有行政领导和行政指挥的权威等。

(四)时效性

公文还具有一定的时效性,每一份公文都有它的特定效用。

例如,一份"请示",要求上级机关批复;一份"指示",则要求所属下级机关贯彻执行。

总之,掌握公文的时效性,及时办理公文,是提高工作效率的一个重要方面。

(五)体式的规范性

公文体式的规范性,是指文体和格式都有其特定的规范要求。每一种公文,都有其特定的适用范围、使用格式,不能别出心裁,标新立异。

规范的公文体式,保证了公文的准确、完整、统一、有效,以及公文的正常运转并发挥其效用。

（六）实用性

每一份公文的制发，总是由于某一具体事情引起的。

例如，有的是为了请示问题，有的是为了汇报情况，有的是为了给下级发布指示、指导工作，总之，都是在公务活动中形成的，都是为了解决社会生活中的现实问题，都具有实用性的特点。

（七）语言的准确性

公文的语言应是公文事务语体，它最鲜明的特征是准确、简明、朴实、规范。

这种语体只对客观情况作如实说明，表明作者意图，不追求表达的艺术化，排斥想像夸张，力求质朴准确，言简意赅。

（八）程序化

公文的办理过程，无论是收文过程还是发文过程都具有程序化特点，都必须按规定的处理程序（起草、核稿、签发等）办理。

例如：经过机关领导人签发的文稿才能缮印、用印和传递；几个机关的联合发文必须履行完备的会签程序，重要的规范性文件还需报请上级机关审批或由主管部门批准等。

收文的程序一般包括签收、登记、分送、拟办、承办、催办、注办等。

发文的程序一般包括拟稿、核稿、签发、编号、缮印、校对、用印、登记、分发等等。

任何人不得违反上述程序擅自处理。

四、公文的作用

公文在今天的社会主义现代化建设时期，具有重要的作用，具体体现在：

（一）领导与指导作用

党和国家机关的上级与下级，本来就具有领导与被领导的关系。各级领导机关通过制发各种公文，传达党和国家的方针政策，贯彻领导意图，有针对性地解决实际工作问题，自然具有领导作用。

例如，党的中央领导机关通过它所制定和发出的各项指示、决议等重要文件，阐明重大方针政策，用以领导和指导各个地区的工作。

国家各级行政领导机关和业务主管部门则根据党的政策性文件，制定和发布各种指示、决定、计划、意见、通知来指导下级机关和下级业务部门的工作。

（二）行为规范作用

公文的行为规范作用，是指文件的法规约束作用。国家的各种法规都是以公文的形式制定和发布的，公文是各种法规赖以存在的物质形式。

党和国家的各种法规和企事业单位的规章制度都是以文件的形式制定和发布的。这些规范性文件一经发布，便成为全党、全社会或单位全体员工的行为准则，必须坚决依照执行，不得违反。

（三）宣传监督作用

1. 公文的宣传作用

公文虽然是为了管理国家政务而制发的，但也具有宣传引导作用。党政领导机关发出的许多文件，特别是一些重要的指导性文件、方针政策性文件、法规性文件，都具有宣传教育作用。

党的十一届三中全会以来，党和国家关于经济调整、农业生产责任制、干部和知识分子政策，发了一系列公文，有力地教育了广大干部、群众，调动了他们的积极性，提高了他们的自觉性。

2. 公文的监督作用

公文还具有重要的监督作用，主要体现在：

◆ 上级机关可以公文条款为准绳，监督下级机关及工作人员的言行；

◆ 下级机关也可以报告等形式的公文主动行文，接受上级机关的工作监督；

◆ 广大人民群众还可以党和国家颁布的公文作为监督各级机关组织及工作人员的言行是否规范或合乎准绳。

（四）凭证和依据作用

凭证和依据作用是公文的基本作用，公文是制文机关意图的书面表达形式，是为满足传达、贯彻机关意图的需要和作为一种凭据而制发的。

例如，经过当事人双方签订的协议书、合同，作为证实签约双方曾经许诺和承担的责任及义务，它的凭证作用是非常明显的。谁违反了其中的条款，都要被追究责任。

又如，会议记录、电话记录、会议纪要、机关大事记、值班日记等，都是机关工作活动的真实记录，具有十分重要的依据、凭证作用。

（五）联系和沟通作用

在公务活动中，通过公文进行上下左右的联系和沟通，使上情迅速下达，下情及时上报，使机关之间联系密切，关系协调。

例如，上级机关对下级机关的批复；下级机关向上级机关的请示；平级机关和不相隶属机关之间相互使用的"函件"等。

通过公文往来，相互传递和反馈信息，交流经验，商洽工作和处理各种公务，在纵向、横向的联系沟通中，正常而有秩序地开展工作。

第二节　公文的写作

一、公文的文面格式

公文的文面格式主要是指公文在文面上的位置和书写样式。公文的格式一般包括眉首、主体和版记三个部分，具体情况如下：

（一）眉首部分

公文的眉首是公文的版头部分，又叫文头。它位于公文首页红色反线以上，由公文的格式代码、发文机关标识、公文份数序号、发文字号、秘密等级、保密期限、紧急程度、收文处理标识、上行文签发人等要素组成，下面分别介绍：

1. 公文的格式代码

公文格式代码又称公文检索代码，是指代表公文类型的标识符号，由九位阿拉伯数字组成。标识于公文首页发文机关版头左上角。

按一定的规则将公文逐一编制代码，使每份公文都有唯一的标识，以便于计算机识别和处理。目前，公文检索代码的国家标准尚未公布。

2. 发文机关标识

(1)发文机关标识的含义

发文机关标识又称版头，是发文单位制发正式公文时使用的有固定版式的发文机关标识，它位于眉首中央。

(2)发文机关标识的写法

发文机关标识通常有以下标写方法：

◆ 发文机关名称（全称或规范化简称）加文种名称。

例如，《中华人民共和国国务院令》、《国务院任免通知》等，主要用于命（令）、任免通知、会议纪要等少数几个文种。

◆ 发文机关名称（全称或规范化简称）加“文件”两字。

例如，《国务院文件》、《上海市政府文件》等，主要用于发布方针、政策和重要的工作部署、批转下级机关的重要来文，以及上报的公文，如报告、请示等。

◆ 只写发文机关名称（全称或规范化简称）。

例如，《国务院办公厅》、《××省政府》等，主要用于通知重要事项，批复下级机关的请示，发布任免通知等。

◆ 也有一些报告、请示和某些事务性公文，如函等，可在发文机关后面加上用圆括弧括起来的文种。

例如，《××商业局（请示）》、《××公司（函）》等。

◆ 如是联合行文，标识发文机关时应使主办机关名称在前，“文件”两字置于发文机关名称右侧，上下居中排布；如联合行文机关过多，必须保证公文首页显示正文。

◆ 在下行文和平行文中，发文机关标识上边缘至版心上边缘的距离为25 mm；而在上行文中，则为80 mm，这是为了供上级机关批示文件时用。

3. 公文份数序号

公文份数序号简称份号，指同一公文在其总印数中的序号（主要针对秘密公文）。其作用是便于登记、分发、核查和统计文件。

份号由六位阿拉伯数字组成，标识在公文检索代码的下方，前面冠以“No”符号。数字不足规定数时，可用“0”补齐。

例如，实际印制份数是个位数，则应在个位数前设虚位数“0”，比如“05”、“07”等。

4. 发文字号

(1)发文字号的构成

发文字号是一份公文特定的代号，由发文单位代字、发文年度（加括号）和年度发文顺序号组成。

例如，中发(2007)5号，表示中共中央2007年第5号发文。国发(2006)19号，表示国务院2006年第19号发文。几个单位联合发文时，只标明主办单位的发文字号。

(2)发文字号的位置

发文字号的书写位置，具体如下：

◆ 有版头的公文，标在公文版头之下，间隔横线之上，居中书写。

◆ 使用信笺头的公文，则置于信笺头横线之下，公文标题之上，靠右侧书写。

◆ “命令、令”公文，则在标题下面居中书写。

5. 秘密等级

秘密等级（简称密级）指公文秘密程度的等级，分有绝密、机密、秘密三个等级，由公文制发机关根据公文内容的秘密程度来划定。

凡有保密要求的公文，应当在版心右上角第一行标明密级。标识时两字之间空一个字。

6. 保密期限

有需标明保密期限的，还应做到：

◆ 应在密级程度和保密期限之间用“★”隔开，而秘密等级的两字之间不空字距。例如，“秘密★6个月”，“绝密★26年”等。

◆ 特殊情况下，保密期限为长期的，可标为“绝密★长期”。

◆ 还有一种免标保密期限的，如“绝密★”，则表示按该密级的最长保密期限处理。

7. 紧急程度

紧急程度是对公文送达和办理的时间要求。分特急、加急、急件三种。

凡需要紧急处理的公文，应在版心右上角第一行（如同时标识密级，则标识在密级下面一行)标明紧急程度。标识时两字之间空一个字。

紧急电报应当分别标明“特急”、“加急”、“平急”。

8. 收文处理标识

收文处理标识包括收文单位名称、收文编号、收文时间、档号等项目,标注于公文首页版头右上方空白处,由收文单位加盖收文处理章标识。

9. 上行文签发人

凡上报的公文,应当标注核准并签发文稿的机关负责人姓名,以示公文的具体责任者,即“签发人”。具体应注意:

◆ 签发人姓名可用铅印或打印,不必亲署。

◆ 签发人姓名应平行排列于发文字号的右侧,空两格后标注“签发人:×××”。

◆ 如是会签,则应标注“会签人”。此时发文字号也可向左平移至顶格,签发人或会签人仍在右侧。

◆ 联合发文时有多个签发人,即会签,这时主办单位签发人的姓名标识于第一行,其他签发人姓名按发文机关顺序,从第二行起上下依次排列,同时下移发文字号,使之与最后一个签发人姓名处在同一行;红色反线也同时下移,与发文字号的间距仍保持4 mm。

(二)主体部分

主体部分反映公文的主要内容,又叫公文的行文部分。

主体部分主要由公文标题、题注、主送机关、正文、附件、发文单位署名、成文时间、公文生效标识域、附注、单位印章与领导人签署、注释及特殊要求说明等组成,位于首页红色反线以下,末页主题词(不含)以上。下面分别介绍:

1. 公文标题

(1)公文标题的构成

公文标题是对公文内容的高度概括和提炼,一般由发文机关名称、发文事由和文种三个要素构成。

例如,《××县档案局关于加强档案工作的决定》,其中,“××县档案局”是发文单位,“关于加强档案工作”是事由,“决定”是文种。

(2)公文标题的写法

公文标题的具体写法如下:

◆ 公文标题位于红色反线下方空两行,居中排列。

◆ 排列时要注意醒目美观、间距恰当。

◆ 字数多的标题可排成若干行,但要注意:回行时不要将双音节词或固定词组拆开;也不要将“的”字排在行首。

◆ 如果标题行数过多,可将标题上移1至2行,即减少与红色反线之间的空行或不空行，以保证正文在首页出现。

2. 题注

题注是对公文标题的注释说明，主要用来注明法规性公文或经会议讨论通过的公文产生的法定程序和时间等。

题注位于公文标题之下，一行或多行居中书写，用圆括号括住。

例如，《中华人民共和国专利法》的题注是：（1984 年 3 月 12 日第六届全国人民代表大会常务委员会第四次会议通过）。

3. 主送机关

(1) 主送机关的含义

主送机关指受理公文的机关，也称受文机关或收文机关，位于标题之下空一行左侧顶格，如同书信收信人称谓的位置。

(2) 主送机关的写法

主送机关的写法应注意以下几个方面：

◆ 上行文的主送机关一般只写一个，必要时可采用“并报”的方式。特别是要求上级机关批转或请求批准的报告、请示，只能主送一个主管机关。

◆ 平行文和下行文的主送机关，可根据需要而定。

例如，主送机关名称过多而将导致公文首页不能显示正文时，以及一些情况通报、会议纪要等公文，可将主送机关名称移至版记中的主题词之下、抄送机关之上，标识方法同抄送。

◆ 公布性公文，如命令、通告、公告，以及会议通过的公文，可不标主送机关。

(3) 主送机关称谓的写法

主送机关的称谓可有下列几种写法：

◆ 统称，用于发至下一级多个机关的行文。

例如，“各省、自治区、直辖市人民政府、国务院各部委”、“各直属机构”、“各人民团体”等。

◆ 并称或转称，用于同时向两个以上的机关行文。

例如，“党中央、国务院”、“财政局并报税务局”、“市政府并转报省政府”。

◆ 单称或特称，用于向一个特定的机关行文。

例如，跨地区、跨单位行文，以及上行文的主送机关，应该写明单位全称，如“江苏省人民政府”。只有在本地区、本单位，才可使用规范化的简称，如“省政府”、“市政府”。

◆ 递降称，用于多级下行文，如“各市、区、县人民政府”。

4. 正文

(1) 正文的构成

正文是公文的主体或中心，用来表达公文的具体内容。正文包括导语、正文主体与结束语三部分。

(2)正文的位置

正文是公文表现主题的核心部分,位于主送机关名称下一行,每个自然段开头左空两个字,回行顶格。注意:数字、年份在正文中不能回行。

正文一般每面排22行,每行排28字,选用3号仿宋体字为宜。

5. 附件

(1)附件的含义

附件主要用来说明附属在公文正件之后有关材料的名称及件数,附件也是某些公文的重要部分。

(2)附件的写法

附件的具体写法如下:

◆ 公文如有附件,一般与主件分页印制,但应在主件正文之后注明附件的序号和名称。

◆ 写法是在正文结束后,下空一行左空两个字标识,如"附件:××××××"。

◆ 附件有两份或两份以上时,应用阿拉伯数码标明序号,如"附件:1. ××××2. ××××"(分行排列)。

◆ 附件名称不用加书名号,后面也不加句号。

6. 发文单位署名

发文单位署名(又称落款)是指公文的法定作者,一般在正文或附件说明之后署上制发该份公文的单位名称。

7. 成文时间

(1)成文时间的含义

成文日期是指公文形成的时间,是公文生效及日后查考的重要依据之一。成文时间应用汉字完整地写出年、月、日,"零"写为"0"。

(2)成文时间应遵循的原则

成文日期的确定应遵循以下规则:

◆ 一般性公文,以机关负责人签发日期为准。

◆ 经会议讨论通过的公文,以通过日期为准。

◆ 联合行文以最后签发机关领导人签发的日期为准。

◆ 电报以发出日期为准。

(3)成文日期的位置及写法

◆ 经会议表决通过的公文,如决定,以及法规、规章等的成文时间,应加括号标注于标题下方居中的位置。

◆ 会议通过的公文,应注明会议通过的具体日期(报刊上发布可用阿拉伯数字)和会议名称,后面再加"通过"二字。

8. 公文生效标识域

公文生效标识域位于正文右下方，是公文法定效力的证明形式，包括签署人姓名或发文机关印章。

(1)签署人姓名

签署人姓名是指签发公文的领导人在公文正本上的亲笔署名，它是公文法定效用的凭证。

签署的位置在正文之下空两行，右空四个字，先标识签署人职务，后空两个字，再由签署人亲笔签字。

(2)印章

① 印章的含义

印章是发文机关对公文表示负责并标志公文生效的凭证。除会议纪要和以电报形式发出的公文以外，所有对外发出的公文正本都要加盖发文机关的印章或签署。

② 加盖印章的要求

根据发文机关印章的数目，有以下具体要求：

◆ 如果加盖一个印章，则印章应当端正盖在成文日期上方，做到上不压正文，但与正文或附件标识的行距不能超过一行，以防止被人在空白处私自加上其他内容。

◆ 如果是两个单位联合行文需盖两个印章时，则应将成文时间的字距拉开，使两个印章均压在成文时间上，互不相交或相切，且相距不超过 3 mm，主办单位印章应当在前。

◆ 当联合行文有三个单位以上需加盖三个以上印章时，为防止出现空白印章，应将各发文机关名称(可用规范化简称)，按联合行文顺序，标在正文和成文日期之间，再在各机关名称偏上方盖印章。主办单位印章在前，每排最多盖三个印章，中心线要对齐，两端不得超出版心。

9. 附注

(1)附注的含义

附注一般用来说明公文的阅读和传达范围，以及公文使用的注意事项。

(2)附注的注意事项

◆ 附注位于成文时间下一行，左空两个字，用圆括号括入。

◆ 不应把附注理解为对公文内容作出的解释或注释。

◆ 如需对公文的内容或某些术语作出解释或注释，一般应在被解释项或注释项之后采用句内括号或句外括号的形式解决。

10. 用印

在公文上盖印称为用印，是制文单位对公文生效和确认无误的凭证。印章一般盖在公文的末尾，年、月、日的中间。

各单位的印章均由其上级领导机关制发，印章的规格、样式，由国家统一规定。

11. 注释或特殊要求说明

注释或特殊要求说明主要用来说明公文中某些在其他区域不便说明的各种事项。如需要加以解释的名词术语,以及说明公文的阅读范围和使用方法等。

(三)版记部分

版记,即公文的文尾部分,位于公文末页下部,由主题词、抄送机关、印发机关和印发时间、版记中的反线、印发说明和页码等项组成。

1. 主题词

(1)主题词的含义及发展阶段

主题词是反映公文主要内容的规范化名词或名词性词组,其作用是适应办公现代化需要,提高公文检索效率。其发展阶段为:

◆ 1985 年以来,中央和地方的党政领导机关推行了各种公文标注主题词的制度,这一制度标志着公文管理进入了现代化阶段。

◆ 各单位使用的主题词,来自 1997 年 12 月 20 日国务院办公厅秘书局的《国务院公文主题词表》。该表分有 15 大类,1 049 个主题词。

(2)主题词的写法

主题词的标引应根据公文内容从上级机关制发的《公文主题词表》中选择,以 4 至 5 个为宜(最少 2 个,最多不超过 7 个),位于版记部分反线之上。

2. 抄送机关

(1)抄送机关的含义

抄送机关指除主送机关以外的其他需要告知公文内容并要求协助办理的有关单位。

(2)抄送机关的写法

抄送机关位于主题词下一行左空一个字,标识“抄送”,后标全角冒号,抄送机关之间用逗号隔开,回行时与冒号后第一个字对齐,末尾加句号。具体表现为:

◆ 党的文件的抄送机关,要求区分“抄报”(上行)、“抄送”(平行)、“抄发”(下行);

◆ 国家行政机关的公文不作上述区别,一律称为“抄送”。

(3)需抄送的机关

一般需抄送的机关有:

◆ 向下级机关的重要行文必须上报备案的直接上级机关;

◆ 有双重领导或被领导关系的单位;

◆ 必须让对方了解、请对方协作的单位;

◆ 涉及对方职权范围的单位;

◆ 特殊情况下越级行文时被越过的机关。

3. 印发机关和印发时间

(1)印发机关

印发机关不是指公文的发文机关,而是指具体负责印制公文的主管部门,一般应当是发文机关的办公部门。

(2)印发时间

印发时间不是指公文的成文时间,而是指公文实际付印的日期。

总之,印发机关和印发时间位于抄送机关之下,无抄送机关的就直接位于主题词之下。印发机关左空一个字,印发时间右空一个字,用阿拉伯数字标识,后加“印发”两字。

4. 版记中的反线

版记中各要素之间均应加一条黑色反线,以明显区分各要素,同时也增加文面的美观。

5. 印发说明

(1)印发说明的含义

印发说明(又称印制版记)主要指公文印制情况的记载,包括公文制发单位的名称、印发日期和印制份数等,具体体现在:

◆ 印制单位一般是各单位的办公厅(室),要使用全称或规范化简称;

◆ 制发时间是秘书部门起印公文的时间,年、月、日要写全;

◆ 印制份数是该公文所印的数量。

(2)印发说明的写法

印发说明位于抄送区域横线之下,左侧行首空一个字标注制发单位名称,右侧标注制发时间,行尾空一个字。

在制发时间下方画一条与图文区等长的间隔线作底线,在底线下面靠右侧的地方标注印制份数。

6. 页码

页码指公文用纸页的顺序编号,用阿拉伯数字标注在各页图文区的下端。

正面为单数,位于右下角;反面为双数,位于左下角;没有图文区的页面不标页码。

二、公文的写作过程

公文是一种传递法令政策、处理公务的特殊文字材料,公文写作是一项政策性、思想性、业务性很强的工作。公文的写作过程主要有如下几个步骤:

(一)领会意图,明确目的

所谓领会领导意图,就是领会领导者制定政策、部署工作、处理问题的基本指导思想。秘书人员撰写公文时要做到:

◆ 首先,要弄清楚领导意图的实质,弄清起草公文的性质、行文目的和任务、范围。

◆ 其次,文秘人员在接受了拟写公文的任务后,要和领导共同讨论研究,将领导意图与国家的方针政策、法律法令、下级单位的实际工作情况结合起来,加以分析、研究,融会贯通,使公文准确完整地表达出领导的意图。

（二）调查研究，获取材料

占有大量翔实可靠的材料是写好公文的基础。要获取丰富的材料应做到：

◆ 第一，调查采访，深入基层，到广大干部和群众中去了解情况，通过召开一系列调查会、座谈会，听取意见，掌握新情况，分析研究新问题，这是获得材料的主要途径。

◆ 第二，学习文件，学习理论，从书籍报刊和有关文件资料中获取写作材料。

总之，为完成公文写作，花费时间，投入精力，做有计划的调查，有意识地收集写作材料是十分必要的。

（三）总体构思，拟写提纲

拟写提纲是确立主题、整理思路的过程。它包括全文要写哪几个问题，有哪几个观点，每个观点要用哪些材料，详略的处理，段落的划分等。

（四）起草初稿，认真修改

1. 起草初稿

秘书人员撰写公文的时候，必须做到“严、准、精、快”四个字，具体体现在：

◆ “严”，就是保持政治上的严肃性和政策上的严密性。

◆ “准”，就是内容准确清楚，文字、体式规范。

◆ “精”，就是文字精练，言简意明，逻辑严密，条理清楚。

◆ “快”，就是讲速度，所有公文都是有时间性的，超过一定的时限，公文就失去了效用。

2. 修改公文

修改公文草稿，主要应做到如下三个方面：

◆ 首先，要从内容入手，检查观点是否正确。

其基本精神是否符合党和国家的方针、政策、法律、法令以及上级机关的决议、命令、指示，政策界限是否明确。

◆ 其次，进行语言文字的加工锤炼。

语言文字的改动，直接影响到内容的表述。要通过推敲修改，使公文的语言符合规范，具有公文应有的准确、鲜明、郑重。

◆ 第三，审查文稿格式。

要认真审查文稿是否符合规定的格式。国家对公文的种类、名称、用法、用纸规格、书写编排，都有统一规定；从写作体裁、内容结构，到页面安排都有规定的格式。

第三节 公文的审核和修改

审核和修改是公务文书写作过程中的一个重要阶段。公务文书的审核和修改，主要包括以下方面：

一、修改文稿常用符号

1981 年 12 月，国家颁布了《中华人民共和国专业标准校对符号及其用法》，这为文章修改符号提供了统一标准。这里主要介绍写作常用的修改符号：

（一）转移号

用在需要移动位置的地方。

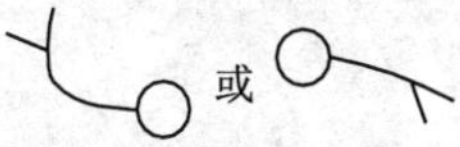

（二）增补号

用在需要增补字词句的位置上。

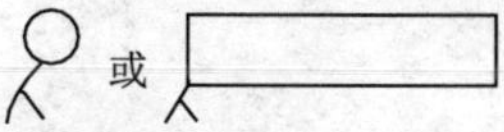

（三）接排号

两段接成一段，用在需要连接的地方。

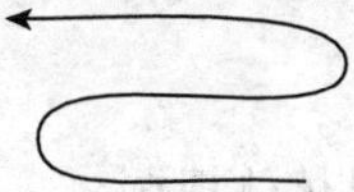

（四）删除号

表示删去词语或句子。

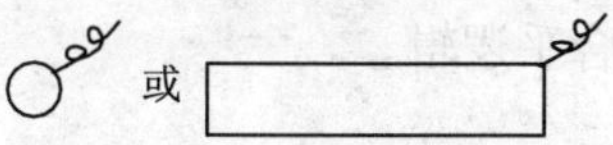

（五）代替号

在同页内，要改正许多相同的字符，用此代号，并在页边注明○ =。

○ =

（六）对调号

用在颠倒的字句中间。

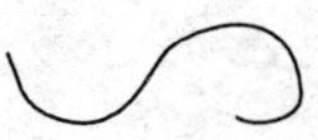 或 

(七)另起号

把原来一段的文字分成两段,在需要分段的地方标示。

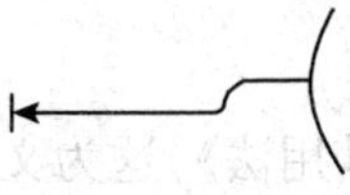

(八)说明号

在说明或指令性文字下面画小圈,表示不作为改正的文字。

。。。

(九)改正号

用在需要改正的字的位置上。

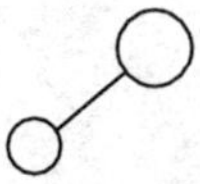 或 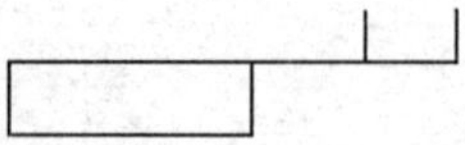

(十)保留号

这是保留原删除文字的符号,注意除在原删除文符下加"△"外,并在原删除符号上画两竖线(‖)。

△

二、公务文书形式的审核修改

公务文书形式的审核修改,主要包括文字、体式、结构的审核修改,具体体现在:

(一)文字的审核修改

公务文书的内容最终要靠文字来表达。文字的审核,主要应注意:

◆ 一要看语言文字是否质朴确切、简明通顺、遵守语法、合乎逻辑。

◆ 二要看有否修辞失当、滥用省略、用词搭配不当之处。

◆ 三要注意有否错别字和用错的标点符号。

总之,要把那些晦涩含混、冗长啰唆、华而不实的文字通通改正过来。

(二)体式的审核修改

体式主要是指公文的特定格式和行文的规范要求,这是公文能够准确、迅速、有效地被理解接受和执行的保证。体式的审核,主要应注意:

◆ 一要看格式是否符合规定。

◆ 二要看文种的选择是否符合行文规则。

◆ 三要看态度和语气分寸是否符合不同的行文关系。

例如,上行文应尊重上级领导而又不阿谀奉承;平行文应谦虚友好、平等洽商、顾全大局;下行文应既有坚持原则的权威性,又适当留有余地,使下级在执行过程中有适当的灵活性。

总之,凡是文种选择不当,格式不准确,语气态度失当,不利于上下左右协调配合工作之处,都应认真予以修改。

(三)结构的审核修改

文稿的结构安排,会直接影响内容的表达。结构的审核,主要应注意:

◆ 一要看全文的布局是否合理,是否有利于表达公文的观点和反映机关制文意图。

◆ 二要看是否层次分明、条理清楚、详略得当、重点突出。

◆ 三要看段落的衔接是否自然,是否做到前后呼应、逻辑严密。

总之,凡是结构杂乱、条理不清、上下脱节、逻辑不严、详略不当之处,都应修改。

三、公务文书内容的审核修改

公务文书内容的审核修改,主要指主旨、措施和材料的审核修改,具体体现在:

(一)主旨的审核修改

主旨是文章的灵魂,是文稿修改最主要的环节。文稿主旨的审核,主要应注意:

◆ 一是要看是否符合党和国家的方针政策,是否准确反映了机关的制文意图。

◆ 二是要看是否切合当前形势和实际情况,是否反映了事物的客观规律。

◆ 三是要看中心思想是否明确,提出的问题是否有针对性和指导性,涉及的引文是否有不准确或政策界限不清之处。

总之,凡是发现主旨不正确、不全面、不符合政策和发文意图、不鲜明突出的,都应当加以修改。

(二)措施的审核修改

公务文书中的措施是下属各单位执行公务的依据。文稿中措施、办法的审核,主要应注意:

◆ 一要看是否切合实际、有可行性,理由是否充分。

◆ 二要看是否与其他文件有抵触、矛盾、脱节之处。

◆ 三要看是否有较强的可操作性,执行期限定得是否合理,执行后能否收到预期的效果。

总之,凡是以官话、空话、套话代替扎实措施的,都要坚决修正。

(三)材料的审核修改

材料是公务文书中的思想观点、方法措施的说明和印证。文稿中材料的审核,主要应注意：

◆ 一要看观点和材料是否一致，材料能否很好地说明观点，如不能，就应当改换另外更恰当的材料。

◆ 二要看材料是否典型、精炼，如果材料一般化，应当坚决删去，选用那些最能说明观点的典型材料，力求做到“少而精”。

◆ 三要看材料是否真实、具体，有关的事实和涉及的人名、地名、数字等有否失实和差错，如发现有问题，必须予以一一改正。

◎ 本章小结

1. 公文，也叫公务文书，它有广义和狭义之分，广义的公文是指党政机关、社会团体、企事业单位在公务活动中使用的一切文字材料；狭义的公文是指在管理国家机关政务和企事业单位事务过程中形成和使用的具有法定效力和规范体式的公务文书，即法定行政公文。

2. 2000 年中华人民共和国国务院办公厅发布（修订）了《国家行政机关公文处理办法》，规定我国各级各类国家行政机关使用的文种有命令（令）、决定、公告、通告、通知、通报、议案、报告、请示、批复、意见、函、会议纪要等。

3. 事务性公文是各级机关、社会团体、企事业单位处理日常事务，用来沟通信息，安排计划，总结经验，调查研究问题，指导工作的一类公文。

事务性公文的主要文种有计划、总结、简报、工作要点、汇报提纲等。

4. 公文的主要特征是：法定性、政治性、权威性、时效性、体式的规范性、实用性、语言的准确性、程序化。

5. 公文的文面格式主要是指公文在文面上的位置和书写样式。公文的格式一般包括眉首、主体和版记三个部分。

6. 公文的写作步骤主要有：领会意图，明确目的；调查研究，获取材料；总体构思，拟写提纲；起草初稿，认真修改。

7. 审核和修改是公务文书写作过程中的一个重要阶段。公务文书的审核和修改，主要包括形式和内容两个方面。

◎ 练习题

1. 什么是公文？公文区别于其他一般文章的特点有哪些？
2. 公文有哪些作用？
3. 行政公文的种类有哪些？
4. 行政公文的文面格式有哪些基本要求？
5. 公文的主送机关有哪几种写法？
6. 公文的写作过程有哪些？

7. 公务文书的审核要注意些什么？

8. 公文的修改符号主要有哪些？

◎ **课后阅读**

范仲淹改革文书工作

以“先天下之忧而忧，后天下之乐而乐”闻名古今的北宋时期著名政治家范仲淹，有德有才，且善理军国大政，颇孚众望。他曾针对当时的行文弊端，提出过相应的改革意见。

他在担任枢密副使，参知政事职务时，在京的朝官、使臣、选人（待分配人员）等向皇帝呈递了许多有关“理会劳绩”、“陈乞差遣”的投告。其中有一部分“可行”、“可罢者”或“朝廷便有指挥”的投告，处理的比较快；而很多难以定夺又无先例可援的报告，办文机构多批送有关部门。

而这些部门见到没有批示处理意见的报告，便不施行，积压起来，不了了之。

“进状”人员久久看不到批示，就三番五次打报告，积案“不能结绝，转成住滞”。

对于这些流弊，范仲淹要求皇帝“降圣旨”，提出“今后凡进状者，仰逐司主判仔细看详，如内有合施行者，即与勘会，具条例情理定夺进呈，送中书、枢密院再行相度，别取进止。如不可施行，亦仰逐司告谕本人始委，庶免官员、使臣、选人等重叠进状，紊烦圣听。”

这个改革意见，得到了批准施，从而提高了行政效率，避免办事拖拉、马虎从事，使文书处理善始善终，消除了积压弊端。

第三章　文书的处理

办公室文员日常最基本的工作任务之一就是处理文书。面对大量的公文和信函,可能会感到无从下手。学习文书处理方面的知识,会使工作做得有条不紊,井然有序。

第一节　文书处理概述

一、文书处理的内涵

(一)文书处理的含义

文书处理,通常也称为办文或公文办理,是机关、企事业单位在公务活动和经营管理过程中,为了充分发挥公务文书的作用,围绕公文的撰写、印制、收发、办理与立案、归档等一系列管理,需要进行的许多具体文书工作。

(二)文书处理的内容

文书处理工作的内容很多,主要包括收文处理、文书管理和发文处理三个基本环节,具体体现在:

1. 收文处理

◆ 含义

对外单位发给本单位的所有文书进行收进处理的一系列程序性的工作,就是收文处理。

◆ 内容

收文处理主要包括对文书的签收、登记、分送、拟办、批办、承办和催办等工作环节。

2. 文书管理

◆ 含义

文书管理是指在集中统一管理的原则指导下,认真做好收文处理和发文处理工作,充分发挥文书的效用,既有利于保密又便于调阅的一系列管理工作。

◆ 内容

文书管理主要包括编制立卷类目,文书归类、调阅、立卷、归档等工作。

3. 发文处理

◆ 含义

发文处理是指本单位对外发送文件的一系列程序性的处理工作。

◆ 内容

发文处理主要包括对文书的拟稿、核稿、签发、编号、缮印、校对、用印、登记和分发等工作环节。

二、文书处理的管理机构

(一)文书处理的管理机构

《国家行政机关公文处理办法》第七条指出:"各级行政机关的办公厅(室)是公文处理的管理机构,主管本机关的公文处理工作并指导下级机关的公文处理工作。"

由于文书处理工作的重要作用和自身的特点,文书处理工作成为办公厅和办公室工作的一个重要组成部分,具体体现在:

◆ 我国国务院设有办公厅,国务院的办公厅由国务院秘书长直接领导。

◆ 国务院所属各部、各省人民政府也都设有办公厅。

(二)文书处理管理机构的设置形式

《国家行政机关公文处理办法》第八条指出:"各级行政机关的办公厅(室)应当设立文秘部门或者配备专职人员负责公文处理工作。"

由于职责和任务的不同,我国各级机关的办公机构和秘书部门在设置上有综理制和分理制两种形式,具体体现在:

1. 综理制

综理制设置机构就是不分部门办公,由秘书部门综合管理领导机关的日常工作。

例如,全国人大常委会、中央军委、全国政协和一些社会团体就是按综理制设置办公机构。各省、市的政协机关、人大常委会、社会团体也都是综理制机构设置,各项文书处理工作由各自的秘书处综合管理。

2. 分理制

分理制设置机构就是将机关工作按业务范围分部门办公,办公室为综合部门,办公室内部再设具体业务处室,如秘书处。

秘书处下还可设拟文室、打印室、机要室等,这些都是文书处理机构。

三、文书处理部门的任务、内容和职能

(一)文书处理部门的基本任务

文书处理部门的任务主要有:

◆ 辅助领导和有关部门及人员处理日常工作活动中所产生的文书,为本单位工作服务,提高单位的工作效率。

◆ 科学地组织本单位的文书处理工作。

(二)文书处理部门的具体工作内容

文书处理部门的内容主要有:

◆ 第一,根据有关文书处理工作的法规、制度和规范,制定本单位文书处理工作的具体规定和制度,并对本单位的文书处理工作进行监督、指导。

◆ 第二,文书形成过程的管理。

主要包括文书的拟写、审核、签发、印制过程的管理和对各种会议、汇报、电话、本单位重大活动的记录及整理。

◆ 第三,文书处理的具体业务工作。

主要包括文书的收发、登记、分发、拟办、批办、承办、传阅、催办等。

◆ 第四,文书的管理和立卷归档工作。

主要包括文书的调阅及文件材料的整理、立卷、编目、归档等。

(三)文书处理部门的基本职能

文书处理的职能主要包括:

◆ 负责本单位文书的拟制、处理和管理的工作及建立有关制度。

◆ 负责文书拟制过程的管理、文书的运转管理和文书的保管及立卷、归档工作等。

第二节 文书行文制度

为了规范行文的正常秩序,保证各级机关和企事业单位的行文有条不紊地进行,国家规定了行文制度。行文制度是搞好文书处理工作、提高单位管理效能的一项重要制度。

行文制度包括行文关系、行文规则和行文方式三个方面的内容,下面分别介绍:

一、行文关系

所谓行文关系是指国家机关和企事业单位,为了行使职权和履行职能,按照各自的组织系统进行收文或发文的关系。

行文关系主要包括上行关系、平行关系、下行关系三种,具体是指:

(一)上行关系

所谓上行关系是指下级向上级的行文关系。

一般来讲,具有直接的隶属或业务管理关系的下级机关单位和上级机关单位之间才能形成文件的上行关系。

例如,县人民政府隶属于市人民政府,县人民政府向市人民政府行文就形成了文件的上行关系。

再如,市财政局隶属于市人民政府,在业务上接受省财政厅的监督和指导,市财政局向市人民政府行文,或向省财政厅行文都形成了文件的上行关系。

(二)平行关系

所谓平行关系是指平行机关之间或不相隶属机关之间的行文关系。

平行机关是指互不隶属但隶属于一个共同上级机关或在业务上互不管理但受一个共同

上级主管机关管理的机关单位的总称。

例如，某级人民政府的各个职能部门；某级人民政府管辖的下一级各个人民政府；某级业务主管部门管理的下一级各个业务主管部门等。

(三)下行关系

所谓下行关系是指上级向下级的行文关系。

一般来讲，具有直接的隶属或业务管理关系的上级机关单位和下级机关单位之间才能形成文件的下行关系。

例如，县人民政府隶属于市人民政府，市人民政府是县人民政府的上级，市人民政府向县人民政府行文就形成了文件的下行关系；市人民政府向其隶属的市财政局、市民政局、市工商局等职能部门行文也是下行关系。

总之，国家机关之间、党政机关之间、企事业单位之间以及企事业内部，都会构成一定的行文关系，都要遵循一定的行文规范。

二、行文规则

(一)行文规则总的要求

所谓行文规则就是机关单位之间行文所应遵循原则的总称。

行文规则总的要求，主要有以下几个方面：

◆ 必须以维护国家统治和社会管理秩序为目的；

◆ 必须根据党和国家的组织原则和机关单位的地位、职责权限、相互之间的组织关系或隶属关系确立行文的具体规则；

◆ 必须依法行文；

◆ 必须简短精练、准确及时、完整安全。

(二)具体的行文规则

1. 上行文规则

上行文的具体规则如下：

◆ 请示应当一文一事，一般只写一个主送机关，需要同时送其他机关的，应当用抄送形式，但不得抄送下级机关。

例如，县政府向市政府写"请示"，就不得抄送所属镇或乡政府。

◆ 一般不得越级请示和报告，有必要时则应抄送被越过的上级。

◆ 除上级机关负责人直接交办的事项外，不得以机关名义向上级机关负责人报送"请示"、"意见"、"报告"。

◆ 除建议报告外，其他报告不得夹带请示事项，以免贻误工作。

◆ 正式印发"请示"和"报告"报送上级时，必须在文头部分的发文字号右边注明签发人姓名。

◆ 受双重领导的机关向上级机关行文，应当根据行文内容或者内容的侧重方面，注明主送机关和抄送机关。

2. 联合行文规则

联合行文的具体规则主要有：

◆ 联合行文的党政机关或职能部门必须是同级的，不同级别的不能联合行文，即使是那些在人、财、物等方面握有一定实权的党政机关或职能部门，也不能与级别高的党政机关或职能部门联合行文。

◆ 政府与同级党委和军队机关可以联合行文。

例如，国务院与中央军委可以联合行文，省委与省政府可以联合行文。

◆ 政府职能部门与相应的党组织和军队机关可以联合行文。

例如，省委组织部和省人事厅可以联合行文。

◆ 同级政府及其各职能部门、上级政府各职能部门与下级政府可以联合行文。

例如，省政府和直辖市政府可以联合行文，省人事厅与市政府可以联合行文。

◆ 政府各职能部门与同级人民团体和具有行政职能的事业单位也可以联合行文。

例如，省教育厅与省工会可以联合行文。

◆ 联合行文的党政机关或职能部门，必须根据行文目的或内容确定谁是主办单位，谁是协办单位，主办单位只能是一个，并居于其他单位之前，发文字号也只能使用主办单位的。

3. 下行文规则

下行文的具体规则主要有：

◆ 行文内容涉及几个职能部门时，应先协商达成共识后，再向下行文；问题协商不一致时，应先列明各自理由和依据，并提出建设性意见，经有关部门会签，报请共同的上级机关协商定夺，取得一致意见后，然后再向下行文。

◆ 各职能部门依据其职权，可以互相行文和向下一级政府的相关职能部门行文；除以公文函的形式商洽工作、询答问题、审批事项外，一般不得向下一级政府正式行文。

例如，财政部、商务部、民政部可以互相行文；财政部还可以向财政厅行文，但不得向省政府正式行文。

◆ 向下级机关或者本系统的重要行文，应当同时抄送直接上级机关。

例如，市卫生局向市属医院行文，应同时抄送省卫生厅，以便上级监督，避免各自为政。

◆ 上级机关向受双重领导的下级机关行文，必要时应当同时抄送其另一上级机关。

例如，市政府向市属高校行文时，应同时抄送主管高校业务工作的市教育局。

三、行文方式

行文方式就是根据文件的行文关系和行文方向确定的行文种类，主要包括上行文、平行文和下行文三种，具体介绍如下：

(一)上行文

上行文是指下级向所属上级的行文，具体主要有以下几种：

1. 逐级上行文

逐级上行文即下级向直属的上一级的行文，它是上行文最基本、最常用的方式。

例如，下级机关单位的业务部门就某些业务工作问题向直属上一级机关单位的业务部门的行文，也属于逐级行文。

2. 越级上行文

越级上行文就是下级越过自己的直属上级向更高的上级行文。这种方式只能在特殊情况下采用，具体包括：

◆ 经多次请示直属上级机关单位，长期未得到解决的重大问题；

◆ 因发生特殊紧急情况，如逐级传递将失去时效造成损失的事项，如发生战争、严重自然灾害、暴乱、重大事故等；

◆ 上报领导或领导机关单位交办的，并指定越级直接上报的事项；

◆ 询问、联系无需经过直接上级的一般工作中的具体问题；

◆ 直接上下级之间有争议而无法解决的重大问题；

◆ 对直属上级机关单位或领导进行检举、控告等。

3. 多级上行文

多级上行文即下级在必要时同时向自己的直属上级行文。

例如，江宁区人民政府行文给南京市人民政府并报江苏省人民政府；南京市财政局行文给江苏省财政厅并报国务院财政部等。

这种方式并不多见，一般只能在问题比较重大，而又时间紧迫，需及时报请直属上级和更高级机关单位了解或批示、批复时才可采用。

(二)平行文

平行文是指互相没有隶属关系或业务管辖关系的机关单位之间的行文。平行文行文时应注意：

◆ 如果机关所发的文件中有某些事情需要不相隶属的机关了解或配合贯彻的，可以将文件抄送有关的不相隶属的机关。

例如，各专业主管部门制定的关于本专业工作的规定，需要平行机关贯彻的，则需抄送平行机关。

◆ 平行机关和不相隶属机关之间不能发指导性文件或指令性文件。如果机关某一部门的一些规定需要其他部门执行时，应请有关机关批转文件，或联合行文，或商请有关机关直接行文。

(三)下行文

下行文是指上级向所属下级的行文,下行文以逐级行文、多级行文两种方式为主,具体是指:

1. 逐级下行文

逐级下行文就是对直属下一级机关单位行文,这是最基本、最普遍、最经常的下行文方式。

例如,省人民政府向所辖各市人民政府发文、市档案局向本市各县档案局发文等,这种行文只发到直属下一级机关,至于这些文件是否还需要向下转发,则由收文机关根据情况自行决定。

2. 多级下行文

多级下行文主要指党的领导机关向所属下级行文,同时发给多级下属机关单位的方式。

例如,中央有许多文件同时发到省、市、县各级组织。采取这种方式可以使下属几级组织迅速、直接地看到领导机关的文件,及时领会和贯彻文件精神,可以免去层层传递,提高时效,较快地解决问题。

又如,党政领导机关行文,必要时可以直接发至最基层的党政组织或者传达到人民群众。不带有机密性质的文件,还可以采取组织宣讲、登报、广播、电视等公共媒体形式与手段公布。如"通告"、"通报"等,可采用张贴的方式,直接与广大人民群众见面。这种行文方式能使基层组织和人民群众及时地、原原本本地了解文件的全部内容,使党和政府的方针政策或法规性文件迅速地起到宣传教育群众、组织动员群众的作用。

总之,一份具体文件究竟采取什么方式行文,应当根据实际工作需要,本着控制发文数量的原则确定。

第三节　文书处理程序

文书处理是指围绕文书的发出、收进、运转和日常管理所进行的一系列衔接有序的工作。文书处理主要包括收文处理和发文处理两个环节,下面分别介绍。

一、文书处理流程

文书处理流程即对制发和收到的文件以衔接有序的程序进行办理的过程。

一般而言,收文办理主要包括签收、登记、审核、拟办、批办、承办、催办等程序;发文办理主要包括草拟、审核、签发、复核、缮印、用印、登记、分发等程序。

上述程序前后衔接、环环相扣、排列有序,构成了一个完整的文件运转和办理的流程。下面,根据实际工作情况,将文书办理的完整流程图示如下:

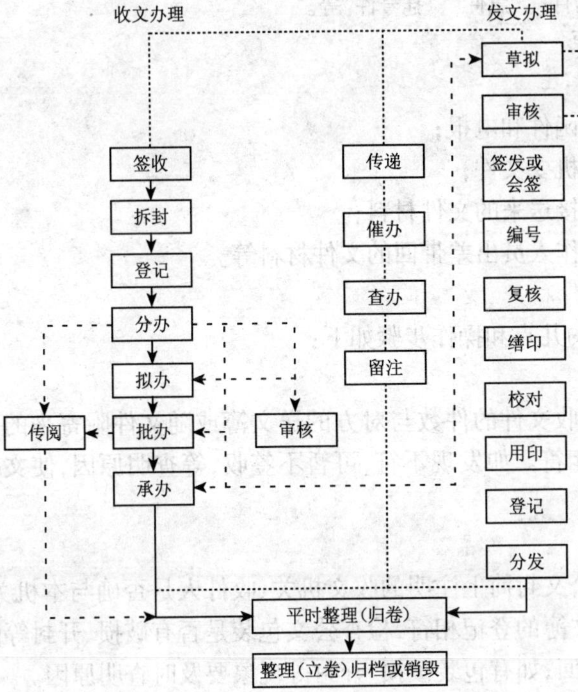

二、文书处理的步骤

(一)收文处理程序

收文处理主要包括签收、拆封、登记、审核、分办、传阅、拟办、批办、承办等程序,下面分别介绍如下:

1. 签收

(1)签收的含义

签收是对收到的文件进行初步分类、检查清点并签名确认。目的是明确交接双方的责任,保证文书运行的安全。

文秘人员收到文件材料后,必须在对方的"公文投递单"或"送文登记簿"(见表3-1)上签字,以明确交接双方的责任,保证公文运转的安全可靠。

表3-1　送文登记簿

序号	发文月日时	封皮号	发往机关	文别	签收人	签收月日时	备注

注:“文别”一栏填写“密件”、“急件”、“挂号件”等。

(2)签收公文的来源

公文的来源,主要有:

◆ 邮局送来的挂号函件和电报;

◆ 机要交通送来的机要文件;

◆ 外机关和部门直接送来的文件材料;

◆ 本单位领导和工作人员出差带回的文件材料等。

(3)签收的要点

签收文书时要注意的几点和操作步骤如下:

① 清点

即认真清点、核对所收文件的件数与对方的送文簿或随文件附寄来的发文通知单或文件投递单上的件数是否相符。如发现不符,可暂不签收,等查明原因,使文件数量相符后再签字。

② 检查

检查就是核对所收公文封筒上注明的收文机关、收件人是否确与本机关相符,核对封筒编号是否与投递单或送文簿的登记相符,检查公文包装是否有破损、开封等问题。

如有错误,要及时退回;如有包装破损、开封等现象要及时查明原因。

③ 签字

即经清点、检查无误后,在对方的送文簿或发文通知单,或文件投递单上签署收件人姓名和收到日期。具体要做到:

◆ 普通件注上收到的月、日即可;

◆ 急件还应注明几时几分,以备事后查考。

◆ 签字务必清晰、易认。

◆ 有时也可盖专门的签收章。

总之,外收发人员对收到的文件应按收文部门分门别类,及时送达各部门,对急件要随到随转,密件送机要部门或办公室机要人员。

2. 拆封

(1)拆封的含义

拆封是指文秘人员对写明有本机关或本部门收启的封件进行启封,而对于写明由某某领导人“亲启”、“亲收”的文件和信函,其他人员无权随意拆启。

(2)拆封的注意事项

拆封时应注意以下几点:

◆ 纸封的文件信函,启封时应使用剪刀,沿信封的一边慢慢剪开,不要用手去撕拆,以免损坏里面的文件或毁坏邮戳等标记。

◆ 急件、密件应当先启封，以保证其得到优先处理。

◆ 拆封后，从封套或文件袋内取出文件时，要做到如下几点：

首先，应认真检查里面的文件是否取净，注意不要遗漏文件，并要检查收到的文件是否完整、齐全，有否缺页少份，是否发错了单位等等。

其次，应将封套内零散的小物件如汇票、发票、单据、现金、照片等物一一妥善保管好，可以放在专用纸袋里，或随同文件一起办理，或送财务部门处理。

◆ 经检查核对，确认没有任何差错，即应在“发文通知单”上签字并盖上签收章，寄回原发文机关。

◆ 拆封后的信封和包装封袋一般可以不留存。如是初次发生工作联系的单位，因信封或封皮上印有发文单位的详细地址、电话号码、电报挂号、邮政编码等标识，秘书可以将其保留，以备日后查用。

3. 登记

(1)登记的含义

收文登记就是将需要登记的外来文件在收文登记簿上编号和记载文件的来源、去向，以保证文件的收受和处理。

(2)登记的具体要求：

收文登记的具体要求如下：

① 凡收到的重要文件都应登记，主要包括：

◆ 上级机关的指导性、参阅性和需要办理的文件；

◆ 下级机关的请示性、报告性文件；

◆ 带有密级的重要资料；

◆ 机关内部使用的文件、会议文件和音像文件等。

② 仔细确认不必登记的文件，主要包括：

◆ 公开的和内部不保密的出版物；

◆ 一般性的简报；

◆ 事务性的通知、便函、介绍信、请柬等；

◆ 领导人的亲启件(但领导人阅后交办的，则应登记)。

(3)登记的形式

各机关现在一般所采用的登记形式主要有簿式登记和卡片式登记两种。

① 簿式登记

簿式登记就是使用装订成册的专用登记簿，在同一页纸上可以登记若干份文件(见表3-2)。

表 3-2 **收文登记簿格式**

顺序号	收文日期		来文机关	文件字号	文件标题	份数	附件	密级	承办单位				处理结果
	月	日							单位	签收人	复文号	归卷号	备注

② 卡片式登记

卡片式登记就是使用未装订成册的单页卡片登记表。每张卡片上登记一份或若干份有关的文件，如同一作者的、相同文件名称的、送同一单位承办的文件等（见表 3-3）。

表 3-3 **收文登记表格式（正面）**

收文号		来文机关			文件标题				
		收到日期		来文号		份		密		归
处理情况									
分送				领导批示	转办	传阅			
姓名	份数	日期	经手人			送阅时间	姓名	退回时间	
承办结果									

（背面）

分发份数			发出时间		封套号	
单位	份数	签收人	单位	份数	签收人	记事

（4）登记的两种方法

收文登记主要有流水式登记法和分类式登记法两种主要方法，具体情况如下：

① 流水式登记法

流水式登记法，就是将收到的文件按照时间顺序不分种类依次登记，同时将文件办理过程和转送手续都记载在同一登记簿上。

这种登记方法的优点是手续简便、环节少；缺点是不便查找。

② 分类式登记法

分类式登记法，就是按文件的来源分门别类，可分上级来文登记、下级来文登记、平行机关来文登记等。

分类式登记法的优点是查找使用方便，是一种科学的公文管理方法。

4. 审核

(1) 审核的含义

审核即按照文件办理要求对文件从内容到形式进行审查核对。收到下级机关上报的需要办理的公文，文秘部门都应当进行审核。

(2) 审核的重点

审核的重点主要包括：

◆ 是否应由本机关办理；

◆ 内容是否符合国家法律、法规及其他有关规定；

◆ 是否符合行文规则；

◆ 涉及其他部门或地区职权的事项是否已协商、会签；

◆ 文种使用、公文格式是否规范。

5. 分办

(1) 分办的含义

分办是指文秘人员在文件拆封登记后，按照文件的内容、性质和办理要求，及时、准确地将收文分送有关领导、有关部门和承办人员阅办。

分送给机关领导阅批的文件，要先填写“文件处理单”(见表3-4)，并列于文件前随文运转。

表3-4 文件处理单

密　级：

收文日期：　　年　月　日　　　收文号：

来文单位		来文日期		来文字号	
内容摘要：					
附件：			主办部门：		
拟办意见：					
批示意见：					
处理结果：					
归卷日期		归入卷号			

(2)分办的原则和要求

分送工作的原则和要求,主要有:

◆ 来文单位答复本(机关)单位询问的文件,如收到的批复、复函或情况报告、报表等,要按本单位原发文的承办部门或主管人分送。

◆ 已有明确业务分工的文件,应根据本单位的主管工作范围分送到有关的领导人和主管部门。

◆ 分送文件要建立并执行登记交接制度。无论是分送给本(机关)单位领导人和各部的文件,还是转发给外单位的文件,都要履行签收手续。

◆ 送单位领导人批办的文件,应附上文件处理单,以便负责人签署具体意见。

◆ 要求退回归档的文件,要在文件上注明"阅后请退回归档"字样,以便及时收回,防止散失。

(3)分办时文件的去向

通常,分办时文件的去向主要有四类:

◆ 事关全局、内容重要的文件,应先送秘书部门负责人,经确定"拟办"后再根据拟办意见分发与处理。

◆ 事务性文件及承办对象和承办要求明确的文件,可直接将文件分送到有关业务部门。

◆ 难以确定承办单位的或特别重要的文件,应先送领导批办并附上"文件处理单",然后按领导的批办意见,将文件送至有关人员和部门。

◆ 阅读范围明确的参阅性文件,可直接组织传阅。

6. 传阅

(1)传阅的含义

传阅是指两个以上人员或部门轮流看一份文件,能使一份文件在短时间内满足各方阅读需要。发挥文件效用,已成为领导处理事务、互通信息的一种有效方式。

需要传阅的文件有两种情况:

◆ 一是文件经主要领导批办后需要其他副职领导或有关人员传阅,以掌握文件精神和主要领导的批示意见。

◆ 二是来文属于抄送件,不需要特别办理,只要求有关单位、部门和人员了解的,收文后,文秘人员在"分办"时将文件直接送有关部门和人员传阅。

(2)传阅的要求

传阅的要求主要有:

① 传阅文件不要"横传"

传阅文件应以文秘人员为中心,组织传阅路线,不允许抛开文秘人员在应阅人员之间自行横传,以免传阅的文件失去控制,而造成文件的积压、丢失与下落不明等情况。

② 控制文件运行

传阅文件最突出的要求，就是一个“快”字，主要体现在：

◆ 文件开始传阅后，文书人员要及时了解和掌握文件的运行情况；

◆ 要了解有关领导人和各部门的工作活动规律与时间安排，以便适当调整阅读次序，不使文件在阅读者手中积压，力求以最快的速度完成传阅过程。

③ 掌握传阅范围

传阅文件范围，是依据文件的密级程度和文件本身内容的要求而确定的。文件传阅范围的确定，一般有两种情况：

◆ 一是按级别和文中已注明的阅读范围确定；

◆ 二是按领导签批范围确定。

在传阅文件时，一定要严格按照规定范围和领导批办范围组织传阅。

④ 传阅文件，要建立必要的传阅手续和制度

每份传阅文件，都要由文书部门在文件首页附上“文件传阅单”（见表3-5）。凡传阅人员都要在“文件传阅单”上签注姓名和日期。

表3-5　文件传阅单

<table>
<tr><td colspan="4">来文单位</td><td colspan="4">来文标题</td></tr>
<tr><td>来文字号</td><td></td><td>来文日期</td><td></td><td>收文日期</td><td></td><td>收文号</td><td></td></tr>
<tr><td colspan="8">传阅范围</td></tr>
<tr><td>阅件人签名</td><td>阅件月日时</td><td>备注</td><td>阅件人签名</td><td>阅件月日时</td><td colspan="3">备注</td></tr>
<tr><td></td><td></td><td></td><td></td><td></td><td colspan="3"></td></tr>
<tr><td></td><td></td><td></td><td></td><td></td><td colspan="3"></td></tr>
<tr><td></td><td></td><td></td><td></td><td></td><td colspan="3"></td></tr>
</table>

有条件的大中型机关，可设立由专人管理的“阅文室”，这是加快文件传阅速度、防止积压、丢失和失密的好办法。凡属传阅的文件，由文秘人员送达阅文室后，再通知阅文人员看文件。阅毕后，阅文人员在“文件阅读登记单”（见表3-6）上签注姓名和日期。

表3-6　文件阅读登记单

阅读顺序号	文件标题	来文字号	阅读时间	阅文人签名	备注

7. 拟办

(1)拟办的含义

拟办是文秘人员对收文应如何办理所提出的初步意见,以供领导批办时参考。拟办是秘书部门辅助领导决策的重要体现。

(2)拟办的要求

拟办的要求主要是:

◆ 对急件要明确承办时限,密件要限定承办部门,涉及两个以上部门的问题要确定好主办部门。

◆ 拟办意见要写在"文件处理单"上的"拟办意见"栏内(见表3-7),文字要明确简洁,并署上拟办人姓名和日期。

表3-7 文件处理单格式

收文日期	年 月 日	收文号		
来文机关			日期	
			字号	
来文标题		附件		
拟办意见				
领导批示				
办理结果				

◆ 拟办意见应抓住关键,力求明确,如应说明可能涉及到的工作或问题,过去办理的简要情况,提出由哪个部门办理、如何办理、办理时限、由谁归档等等。

◆ 涉及重大问题的拟办,应附上有关材料和政策依据;必要时还应进行调查,并把调查材料一并提供给领导人作批办时的参考。

8. 批办

(1)批办的含义

批办是领导人对应办的来文由谁或哪一部门办理及如何办理写出的指示性意见。

(2)批办的注意事项

批办的注意事项主要有以下几点:

◆ 批办人既要重视拟办意见,又要认真阅读和思考,不轻易签署"同意"、"阅"。

◆ 批办意见要明确具体。

尤其对下级来文,要表态明朗,词义明确。需办理落实的公文,应批明承办部门或承办人员及承办期限和要求,如需两个以上部门会办的,应批明主办单位,如需本单位贯彻执行的,应提出具体的贯彻措施和步骤。

◆ 涉及面较广的，应实行会批，会批意见不一致的，应呈送主要领导人批示。

◆ 对参阅性的公文，只要批明传达或传阅的范围、方法、时间即可。

◆ 批办的语言应明确、恰当。

对必须办理和答复的来文，批办时语气应较肯定，如用“请××办理”、“请××批示”等；

对非必答的来文，批办时一般不用肯定性语气，可使用“请××审阅”、“请××研究”等语句。

◆ 批办内容同样要记录在“文件处理单”的“拟办意见”栏内，并注明批办人的职务、姓名和批办日期。

◆ 批办者要写全名并注明职务，不要简单写成如，“张局长”、“王总经理”、“李书记”或“老张”、“老李”等，这种写法时间一长使人无法确认当时的批办人究竟是谁，会给以后查档留下麻烦。

◆ 批办日期要将年、月、日写完整，因为它可以作为以后人们执行领导意见或决策的时间依据，也可据此检查办文的进度。

9. 承办

(1) 承办的含义及内容

承办是指有关部门或人员，根据领导人对某一文件的批办意见，对文件反映的情况或请示的工作等进行具体处理。

承办包括两方面的工作内容：

◆ 一是从业务部门的工作来说，针对来文所提出的问题去具体执行或解决办理。

◆ 二是从文书工作来说，对应办复的文件要根据领导批办意见办理复文。

(2) 承办的注意事项

承办时要注意以下几点：

◆ 区分复文与不复文，力求务实。

凡是可以口头、电话、派人联系等方式解决问题的，就不必复文，力求精简公文数量，但必须作好回复记录。

◆ 如来文涉及其他有关文件和材料时，应调阅有关文件材料，报送领导审批。

◆ 凡属联合承办的文件，主办部门要主动会同有关部门协商处理；协办部门要积极予以配合，绝对不能互相推诿。

◆ 承办任务多的时候，要分清轻重缓急，保证紧要文件优先处理。已处理完毕的文件应及时清理，并注明有关情况，办完的与待办的文件应分别存放。

文件经承办后，收文办理程序即告结束，文件即由文秘部门保管，到一定的时候就进入归档或销毁的终结处理程序。

(二)发文处理程序

发文处理是指各单位在发文过程中围绕着所发文书进行的一系列工作。发文处理程序主要由草拟、核稿、审核、会稿、签发、编号、复核、缮印、校对、用印、登记、装封和发出等工作环节组成,具体情况如下:

1. 草拟

(1)草拟的含义

草拟就是文件的起草拟稿过程,是发文办理的第一步工作,也是公文处理工作中的一个关键性环节。

草拟质量的好坏,体现了文秘人员的基本功,反映了文稿法定作者即党和国家机关、企事业单位、社会团体发布政令,交流信息,开展业务的愿望和要求,因此是一项严肃的工作。

(2)草拟的注意事项

起草文稿是一件严肃的事,不能草率。文稿写作过程中,要严格遵守《办法》第二十五条对草拟文件所作的一系列规定,主要包括以下几点:

◆ 符合国家的法律、法规及其他有关规定。如提出新的政策、规定等,要切实可行并加以说明。

◆ 情况确实,观点鲜明,表述准确,结构严谨,条理清楚,直述不曲,字词规范,标点正确,篇幅力求简短。

◆ 公文文种应当根据行文目的、发文机关的职权和与主送机关的行文关系确定。

◆ 拟制紧急公文,应当体现紧急的原因,并根据实际需要确定紧急程度。

◆ 人名、地名、数字、引文准确。引用公文应当先引标题,后引发文字号。引用外文应当注明中文含义。日期应当写明具体的年、月、日。

◆ 结构层次序数,第一层为"一、",第二层为"(一)",第三层为"1.",第四层为"(1)",第五层用"A",第六层用"a"。

◆ 应当使用国家法定计量单位。

◆ 文内使用非规范化简称,应当先使用全称并注明简称。使用国际组织外文名称或其缩写形式,应当在第一次出现时注明准确的中文译名。

◆ 公文中的数字,除成文日期、部分层次结构序数和在词、词组、惯用语、缩略语、具有修辞色彩语句中作为词素的数字必须使用汉字外,应当使用阿拉伯数字。

2. 核稿

(1)核稿是指秘书部门的负责人或有关领导人对草拟的文稿进行审查、修改工作

核稿是公文制作严格"把关"的程序,要认真细致地推敲、修改,纠正文稿中的差错,以保证公文质量。

(2)核稿的注意事项

对文稿审核,根据有关规定应做到"六查":

◆ 一查文稿内容同党和国家的有关方针政策和上级规定有无矛盾和相抵触之处;

◆ 二查文稿中规定的政策界限及其根据是否明确、恰当;

◆ 三查公文处理程序和审批手续是否完善;

◆ 四查文稿中提出的要求和措施是否明确具体,切实可行;

◆ 五查文稿的体式是否规范,文种使用是否得当;

◆ 六查文字表达是否准确无误、简练通顺、合乎语法逻辑;

核稿工作完毕后,按规定程序,送领导人审批或签发。

3. 审核

(1)审核的含义

审核指文件的草拟稿在签发以前,对文稿的内容、体式进行全面的核对检查。文件签发前的审核是非常重要的。

(2)审核的要求

审核的具体要求主要有以下几点:

◆ 要看行文是否确实必要,杜绝不必要的发文;

◆ 要看行文是否符合行文方式及行文规则的有关规定;

◆ 查看文稿的基本精神是否符合党和国家的方针、政策和有关的法律、法规以及上级的有关指示;

◆ 查看政策界限是否明确,提法是否同已发布的公文相衔接;

◆ 查看文稿中提出的措施和办法是否符合实际、切实可行;

◆ 查看涉及其他部门的措施、办法是否经过协商、会签等;

◆ 查看文字语言的表述是否概念准确、条理清楚、结构合理、字词准确、语法规范、简明扼要;

◆ 查看文种使用是否恰当,公文格式是否正确,是否错用文种,秘密等级、缓急时限、发文范围是否合理;

◆ 查看发文机关和收文机关的关系处理是否恰当,抄送机关中是否有滥抄、滥送、漏抄、漏送等现象。

4. 会稿

(1)会稿的含义

会稿是指联合行文时,发文的主办单位与协办单位就文稿该如何草拟、修改等进行协商,以保证文稿内容符合各自的职能,发挥联合行文的作用。

(2)会稿的要求

《办法》第二十六条规定:"拟制公文,对涉及其他部门职权范围内的事项,主办单位应当主动与有关部门协商,取得一致意见后方可行文;如有分歧,主办单位的主要负责人应当出面协调，仍不能取得一致时，主办部门可以列明各方理据，提出建设性意见，并与有关部门会签后报请上级机关协调或裁定。”

换言之，会稿是充分发扬民主的一个过程，会稿各方有权对文稿发表不同的意见，如果意见不能完全统一，就由主办部门将各种意见列明并会签后交由上级部门裁定。

会稿只是联合行文时发生的程序，因此，不是所有的发文过程都要必经的程序。

5. 签发

(1)签发的含义

签发是单位领导人对发出的文稿经最后审阅后认为准确无误，即批明发文意见并签字。文稿经领导人签发即成定稿，签发人对其所签发的文稿从政治到文字上的准确性负完全责任。

签发是发文办理过程中最关键的程序，是领导人行使职权的重要形式。

(2)签发公文的注意事项

签发公文时要注意以下几点：

◆ 凡以机关名义发出的文件，应由机关正职或主持日常工作的副职领导签发。内容重要或涉及面广的文件还必须经领导班子集体讨论通过，然后由主要领导人执笔签发。

◆ 一般业务、事务性工作的文件，可由具体分管的副职领导人签发。如是重要问题，也可请正职领导人加签。

◆ 经会议讨论、修改通过的文件，整理后可由会议主席或秘书长以及其他授权人签发。

◆ 有关日常性工作的文件，经授权可由秘书长或办公厅(室)主任签发。

◆ 签发公文过程中，应再次认真审阅文稿，如发现问题需作重大改动，应作出明确批示，可在文稿的右白边批注意见，或由秘书口头转告拟稿部门重新修改，待修改并重新誊清后再作签发。

◆ 几个机关或部门联合发文，或内容涉及到其他机关部门的公文，应实行会签。会签是指这些准备联合发文的机关或部门，对文稿通过协商，取得一致意见后共同签发行文。送请会签，应由主办该公文的机关或部门负责。

◆ 几个机关或部门联合发文，一般应由主办该文件的单位负责送请有关联署机关或部门的领导会签。

单独发文的成文日期，应以领导人签发的日期为准；联合发文的成文日期，应以会签的最后一位领导人签发的日期为准。

◆ 签发时应在“发文稿纸”(见表3-8)的签发栏内写明意见，如“发”、“印发”、“抄发”、“急发”等，并亲署姓名和具体日期。

表 3-8　(机关名称)发文稿纸

密级:(　　)紧急程度:(　　)

签发(会签):	核拟稿:
主办单位核拟稿人:	
事由:	附件:
主送机关:(受文对象) 抄送机关:(党、政、军、群、团,人大、政协,公、法、检,各民主党派等)	
主题词:	打字:　　校对:　　共印　　份
发文字号:　机关代字[　　]　号	成文日期:　　年　　月　　日
(正文)	

第　　页

6. 编号

(1)编号的含义

编号是指写编发文字号,同时也包括编文件的份数序号等。

(2)编号的注意事项

在编号的过程中,应注意以下事项:

◆ 发文字号即文件的编号,其与文件是"一对一"的关系,同一份文件只有一个发文字号,它是今后引用、检索文件的重要依据,必须按要求来编。

◆《国家行政机关公文格式》(以下简称《公文格式》)规定,发文字号的结构包括发文机关代字、年份、序号,年份、序号用阿拉伯数字标识,年份应标全数,用六角括号"〔〕"括入,序号不编虚位(即 1 不编为 001),也不加"第"字。

◆ 公文份数序号是指将同一文稿印制若干份时每份公文的顺序编号,通常称为"份号",可编虚位,最多可用 7 位数,如"0000001";如果文件只有个位数,不能写成"1",应用两位数"01"表示。

◆《办法》第十条规定:联合行文,只标主办机关发文字号;"绝密"、"机密"级公文应当标明份数序号。此外,文件印数较多时也要编份号,以便清点文件份数。

7. 复核

(1)复核的含义

复核,又叫核发,是发文办理过程中的第二次审核,这也是在文件正式印制前由文秘部门对发文的复查审核。

(2)复核的要求

公文的核发,其要求主要有以下几个方面:

◆ 文稿中的人名、地名、时间、数字、引文和文字表述、密级、印发(传达)范围、主题词是否准确与恰当,标点符号、计量单位、数字的用法及文种使用、公文格式是否符合规定等。

◆ 文稿是否按规定程序送审签发,审批手续是否完备,即审批意见是否明确、审批人是否签署全名及时间以及附件材料是否齐全。

◆ 对需要标明密级、紧急程度的文件进行准确标注。

◆ 编排发文字号。联合行文的文件使用主办单位的发文字号。

◆ 确定主送机关和抄送机关范围、印制份数。

经核发的文稿可以送达印刷厂印制发出。但在核发过程中,发现文稿内容出现实质性错误需要修改,应报请原审批领导人复审后印发。

8. 缮印

(1)缮印的含义

缮印是指对已经审批签发的定稿进行誊清和排版印制文件正本的过程。

缮印文件都是一般通过打印、胶印、铅印或复印的方式来印制文件,必须严格按照国家标准《公文格式》的有关规定执行。

(2)缮印的要求

缮印的具体要求主要有以下几个方面:

◆ 严格按规定的公文格式制版

定稿一般书写在"发文稿纸"上,缮印时就要将定稿的公文格式转化为符合国家统一标准的格式,有些要素的使用(如字号大小、字体选择等)应根据情况酌定。

要做到字迹清晰、排列匀称、美观大方、装订整齐。注意,不要发生漏页、缺页、倒页、错页等现象,保证文件完美无缺。

◆ 以签发的定稿为依据,从文字到格式,都不得擅自改动。

如发现定稿中确有错漏之处需要改正,也应向上汇报,由拟稿人或审核人进行重新审核和修改。

◆ 要尽量避免末页无正文的现象,如无法避免,应采取调整行距、字距的措施加以解决,务必使落款与正文同处一页。

◆ 要注意保密,不要让外人随意翻阅定稿和正本。

密级文件应由专人负责送达指定印刷厂印制。凡与原稿相关的所有文字材料、图片、数据以及清样、底版、废页等要加强监管,该存档的则留存,当销毁的则及时销毁。

◆ 在规定的时间范围内印制完成。

急件要先印制;保密件要指定专门的印制单位或专人印制。

通常,文件数量不多的,就在机关文印室印制;数量较多的,送指定的印制单位。

◆ 缮印公文要建立登记制度，登记的内容见表3-9。

表3-9　缮印登记册

文件名称	送文单位	送文时间	印文数量	印完时间	取件人姓名	缮印人姓名	备注

9. 校对

(1) 校对的含义

校对即在缮印文件过程中将印制出来的文本清样与定稿从内容到形式进行全面对照检查的一道程序。

校对工作是一项极其重要的环节，可以说，它是保证发文准确无误的最后一道关口。

(2) 校对的要求

校对工作是一项耐心细致的工作，来不得半点马虎，其具体要求如下：

◆ 要以签发的定稿为依据，不得擅自改动。

◆ 要采取"地毯式"检查的校对方法，即逐字逐句、逐个标点地进行校对。

对数字、地名、人名等关键词语，更要反复校核，对公文的发文字号、密级、紧急程度、标题、主送单位、抄送单位、日期、印刷份数、页码等尤须逐一校核。

◆ 印制公文需认真校对，重要公文要实行复核甚至三个校次，以保证正确无误。

◆ 注意消灭和纠正排版错误，注意字体、字号、格式的统一。

◆ 每次校对最好由不同的人员进行，以免先入为主和一些个人因素的局限。

通常，文稿不长，一校、二校即可；文稿较长或很重要，校对的次数相对要多一些。

◆ 重要公文还应将校对后的清样送领导人审阅、修改。

◆ 要注意使用统一的校对符号，防止因校对符号不一致而发生误解(见表3-10)。

下列修改书稿和校样的常用符号，是一般校对人员的排字工人所熟悉和常用的，修改稿件或校样时使用这些符号，可使他们更好地进行书稿的排校工作。

表 3-10　修改书稿和校样的常用符号

符　号	名　称	举　例
1.	改错字符*	二氧化碳　氧
2.	删字符	二氧化碳气
3.	取消删字符	地貌外部的特征
4.	倒字符**	方程式(2−31)
5.	周转符	两个物体的接触表面处　两个表面物体的接触处
6. ……	加重点	自由落体加速度
7.	加波线	从转动轴到力的作用线的距离叫做力臂
8. 或	不空符	力偶　矩　MO　MEHT　mo　ment
9. V 或	加空符	练习　$\Sigma F_x=0, X_A-T\cos30^\circ=0$
10.	另行符	……,在此处只讨论干摩擦。摩擦现象中包含……
11.	接排符	若以d表示力臂,又以M表示力偶矩,则……
12.	向上移	$\cos_{2\alpha}$　解　方程式……,
13.	向下移	平面　任意　力系
14. 或	向左移	把T值代入上式得　把T值代入上式得
15. 或	向右移	$S=\frac{1}{2}at^2$　$S=\frac{1}{2}at^2$
16. △	保留符	可同样解得到
17.	再删符	可同样解得
18. XXX	删段符	这就是所得到的结论
19. X	改坏字符**	发挥模范作用
20. XXXX	保留原段***	这就是所得到的结论

* 这种符号主要用于改校样,以求醒目。修改书稿时,可直接改在错字旁。

* * 这两种符号主要用于改动校样。

* * * 使用这种符号时最好再在本段旁注上"保留原段"字样。

总之,校对人员要对自身的工作反复检查,直至最后一校确认无误后方可将清样付诸印制。

10. 用印

(1)用印的含义

用印是指在印好的文件正本的落款处,正确加盖单位公章,以示文件生效的过程。加盖单位公章是机关行使职权的凭证,是公文是否有效的标志,也是公文格式的一个组成部分。

(2)用印的方法

文件上盖印要注意方式方法,即做到端正不歪斜,清晰不模糊,一般要求是“上大下小、骑年盖月”,并注意不盖无字印。盖印的次数要与发文份数基本一致,不无故盖印,以防冒用印章。

公文用印一般有两种方法:

◆ 第一,如果是普发性文件,文件数量较多,一般是使用专用印模,在公文印制过程中将公章以红色套印在文件落款处。

◆ 第二,如果文件数量不多,一般是由秘书在制好的文件上加盖印章。

(3)用印的注意事项

秘书在加盖印章时应注意以下几点:

◆ 应以领导人在定稿上的签发意见为依据,未经签发或不同意发出的文件不得盖章。

◆ 盖印的位置,应在公文末尾“生效标识域内”的日期上,要求做到“上大下小、骑年盖月”,印迹端正清晰。

两个以上机关的联合发文,要分别加盖各自机关的印章。各机关部门都要用印,加盖的印章要错落有致,不得重叠。

◆ 用印要核实文件份数,超过份数不能盖印。要防止将印章错盖在漏印的空白纸上面。

◆ 用印要与发文机关、部门或单位相一致。重要文件用印后还要填写“公文用印登记簿”(见表3-11)。

表3-11　公文用印登记簿

时间	用印单位	公文标题	件数	批准人	用印人	经手人	备注

11. 登记

(1)登记的含义

发文登记主要是在文件发出之前对文件的主要内容和基本要素的记录,以便对发出文件进行统计、核查等管理。

(2)发文登记的形式

① 发文登记的三种形式

发文登记的形式主要是簿册式,其中又有内收发使用的“发文登记簿”,内收发对外收发使用的“送文登记簿”和外收发使用的“发文登记簿”三种。具体情况如下:

◆ 一般而言,机关规模较大,文秘部门又采用“分散”的工作形式,那么,这三种表格都会用上；

◆ 若机关规模不大，文秘部门又是采用“集中”的工作形式，那么通常只需用“发文登记簿”即可。

② 内收发的“发文登记簿”

内收发的“发文登记簿”的登记项目主要包括：顺序号（发文在簿册中的流水登记号）、登记日期、发文字号、密级、公文标题、发往机关（主送机关和抄送机关）、份数、归卷情况、备注等，见表3-12。

表3-12　发文登记簿（适用于内收发）

顺序号	登记日期	发文号	密级	公文标题	发往机关	份数	归卷情况	备注

注：“归卷情况”，即说明发文定稿及正本一并归卷，并注明案卷号。

③ 内收发对外收发使用的“送文登记簿”

内收发对外收发使用的“送文登记簿”的登记项目主要包括：顺序号、登记日期、公文标题、封皮号（即内收发“发文登记簿”上的流水顺序号）、发往机关（包括主送机关和抄送机关）、发送方式（即标明是否急件、密级、发送渠道等）、签收人（指外收发签收人）、签收时间、备注等项目，见表3-13。

表3-13　送文登记簿（适用于内收发对外收发）

顺序号	登记日期	公文标题	封皮号	密级	附件	份数	发往机关	发送方式	签收时间	签收人	备注

12. 分发

(1)分发的含义

分发，又叫封发，是指对印制完毕、需要发出的文件按分发的范围作分封和发送的过程。分发是发文工作的基础环节。

(2)分发的要求

① 分发的总要求

分发文件总的要求是：

◆ 要使文件准确、合理地进行定向、定速、定量地流动。

◆ 文件分发由文秘部门承担，包括书写封面、装入文件、封套封口、登记、发送文件等一系列工作。

② 分发的具体要求

文件分发的具体要求如下：

◆ 第一，封装文件前要先看发文稿纸注明的发送单位、密级、有无附件，然后根据发送文件份数，要对发出的文件数量作认真清点，确认份数无误，特别要注意附件是否有漏缺，文件有无缺页、倒页、错页等现象，文件有无漏盖印章等问题。

◆ 第二，文件封面的书写必须清楚、明白、正确，邮编地址、部门名称、姓名称谓都要书写工整(经常需要送文的单位可将上述内容打印成签条或直接印制在封面上备用)，不得滥用简称和不规范的字体。

文件如有紧急、密级等特殊要求的，必须在封面上盖上相关戳记(经常要发送此类文件的单位也可将这些标识印制在封面上备用)。

◆ 第三，文件装入封套时要注意短于封口，封口要牢靠、严实，不能用订书钉封口，应用糨糊或胶水封实，有密级的文件还要按密封的要求贴上密封条并骑缝加盖密封章。

◆ 第四，文件发送要按照文件自身的情况通过不同的渠道发送。文件发送的渠道主要有电信传送和人工传送。

(3)分发的步骤

文件的分发，具体有以下几个工作步骤：

◆ 首先，拟定发文单。

秘书应根据发放级别的范围、分发的份数、本地区符合级别的机关、单位等设计分发单，然后填写相应的分发单。

◆ 其次，发文登记。

在向外发出文件之前，为了便于管理、查找、统计和催办，必须履行严格的登记手续。一般采用簿式登记。

◆ 最后，文件到达对方单位后，必须由对方单位填写"文件回执单"寄回或送回，以确认文件收到，如通过其他途径发送文件的，如会议下发文件，也要由收文者签字确认，这道手续就是收文处理的第一个程序——签收。

(三)辅助程序

文件办理的辅助程序是指帮助收、发文程序得以更有效进行的工作程序。辅助程序主要包括催办、查办、留注等程序。

1. 催办

(1)催办的含义及范围

催办是指对承办的文件按照办理时限进行检查和催促，以防止文件的延误、积压，催办是文书处理中一项必要的制度和重要的环节。

催办的范围主要包括：

◆ 上级机关来文要求及时回复的；

◆ 下级机关主送本机关的请示需要批复的；

◆ 平级机关与本机关联系、商洽工作需要复文的。

(2)催办的形式

催办的形式有多种，常见的有书面催办、电话催办、口头催办、会议催办、登门催办等。其中，书面催办的方式是最正式的，其他方式可以结合使用。书面催办的样式有表格式和卡片式，其项目主要包括文件内容、办理时限、催办次数、完成进度、存在问题、解决方式等。

(3)催办的注意事项

催办工作具体应注意以下三点：

◆ 组织落实

从广义上讲，所有的文件都有一个督促、催办的问题，因此，较大的机关因文件较多，应当设立催办机构或有专人负责催办工作，一般单位也可设专人兼管催办。

◆ 分工负责

一份文件的承办，往往涉及多个部门和单位，因此，除收文部门的总催办外，各涉及到的承办部门和单位也应有专人做好催办工作，做到层层催办，分工负责。

◆ 检查反馈

应做到定期检查催办工作情况，发现有延误现象，要重点分析，找出原因，提出解决办法，并向领导人汇报。对一些内容重要而又催办无效的文件，可请领导人亲自催办。

2. 查办

(1)查办的含义

查办是在多次催办无果的情况下，向领导汇报后，由领导责成文秘部门核查办理过程，以确认问题症结并进行必要处理的一道辅助程序。

(2)查办的要求

查办的具体要求主要有以下几个方面：

◆ 突出重点，以点带面

对事关重大而又久拖不办的文件，应作为重点查办，并以此为抓手，推动面上工作。

◆ 领导重视、专人负责

凡需查办的文件，需经领导人亲自批办立案，由文秘部门派专人负责查办。承办单位的领导应亲自过问承办的进展情况。

◆ 认真负责，有查必果

查办工作一定要排除一切干扰，一查到底，务求情况得到查实，问题得到解决，工作得到落实。

3. 留注

(1) 留注的含义

留注对以后文件的整理和查考有着重要意义，是不可或缺的一个辅助程序。主要是指对收文和发文办理的情况和结果在“文件处理簿(单)”上作简要说明的程序。

(2) 留注的内容

留注主要包括“注办”和“注发”，通常针对以下文件进行：

◆ 需要复文的文件

在发出了批复或复函后，要在“文件处理单”上注明拟稿部门、复文字号、复文标题、受文单位、复文日期等，并注明“已复文”。

◆ 不需办复而只需传达、传阅的文件

传达、传阅完毕后应由文秘人员在“文件处理单”上注明传达或传阅的时间、地点、范围、方式等，还要在“文件处理单”上注明“已办”、“已阅”、“已摘记”等字样。

◆ 需归档的文件，都要在“收(发)文登记簿”或“文件处理单”上注明归档日期、归入卷号(存档号)或案盒号。

◆ 文件发出，要注明发文数量、发文方向。

◆ 有些文件的办理是采用口头或电话回复的，更要注明回复的时间、地点、回复的内容和对方接听(接谈)人的姓名、职务或身份，以便今后查对。

◆ 上级机关批示交办并查办的文件，应向上级机关书面报告承办结果。书面报告的发文名义、发文字号、主送机关、标题、成文时间等应留注。

◆ 以专案方式承办的，应注明调查结论和处理结果，并将有关材料一并留注。

◆ 文件办理完毕后，如发现还有遗漏问题，应及时采取补救办法，并在“注办”中注明。

◎ 本章小结

1. 文书处理工作，是机关单位的文秘人员围绕公文印制、收发、办理与立案、归档等进行的一系列文件管理工作。文书处理工作的内容很多，主要是收文处理、发文处理。

2. 文书处理工作要掌握文书的行文关系、行文方式和行文规则。

3. 公文的行文方式是指发文机关根据其工作需要所决定的行文方法和形式。

4. 公文的行文规则，就是公文在行文中应当遵循的基本原则，或者叫基本要求、基本规矩。

5. 收文处理程序主要有签收、拆封、登记、审核、分送、传阅、拟办、批办、承办等工作环节。

6. 发文程序主要有草拟、核稿、审核、会稿、签发、编号、复核、缮印、校对、用印、登记、装封和发出等工作环节。

每个环节都有相应的操作规范，在文书处理过程中，要按规范化的方式进行操作。

◎ **练习题**

1. 何谓行文制度？它包括哪些内容？
2. 什么是公文的行文关系？
3. 行文方式有哪几种？分别有什么规定？
4. 需要把握哪些公文行文规则？
5. 为什么不能随意越级行文？
6. 受双重领导的上下级机关之间该如何行文？为什么？
7. 收文处理程序有哪些？
8. 发文处理程序有哪些？
9. 什么是分送和传阅？怎样做好分送和传阅工作？
10. 对文件的审核应把握哪些重点？
11. 文书办理的辅助程序是哪些？有什么作用？
12. 某机关收到下级机关的一份“请示”，对该文的办理要经过哪些必要的程序？

◎ **课后阅读**

无法弥补的损失

一天，上级某部派出的调查组到某自治区信访局，调查R县刘某关于一起行政诉讼案的上访材料。

一年前，刘某因一件行政诉讼案败诉而被判刑，刘某不服，提出申诉，曾给自治区领导写过申诉信，信中涉及一些与办案有关的重要情况。自治区领导在申诉信上做了批示，区信访局将领导的批示信转给R县县委办公室负责办理。

区信访局的同志马上来到档案室，动手查找与该案件有关的档案，结果翻遍了整个机关全宗，也没能将材料找全。其中最重要的材料——自治区领导的批示件和该县县委的回复都不知去向了。

档案员心急如焚，急忙查找领导交办登记簿，但没有查到关于刘某来信的记载。又找主管和分管地区的办信人，也无刘某来信登记及材料，反复查询均无着落。无奈只得派人专程乘车前往R县信访办查找，但该县信访办并未经手此信的相关材料。

经过县信访办主任的回忆，当时他在县委办理工作时，曾见过县委的回复材料。于是又前往县委查找，也一无所获，甚至连发文登记本也没找到。

辗转奔波，十几天已经过去了，因档案材料不全使调查无法进行，调查小组只好失望而归。

事情过去了6年，该区信访局在收集补充6年前一些案卷归档时，才突然发现与此案相关的来信处理记录和R县县委办的回复材料，保存在领导交办信件处理卷宗中，共计2份材料3页纸，以及自治区领导的批示件。

但遗憾的是，当这批档案材料送达后，诉讼案的当事人已经在服刑期间因意外事故死亡。

第四章　文书的整理与归档

各级机关所形成的材料，是党和国家档案财富的源泉，文书整理归档工作是现行文件材料转化为档案的不可缺少的中间环节和实际步骤。

第一节　文书立卷工作

文书立卷也称为公文立卷，是指办公室或文秘部门将已经办理完毕的文书材料，按照它们在形成过程中的自然联系和一定的规律组成案卷的工作，它是文书部门整理与保存文件的一种主要方法，也是机关公文处理的主要内容。

一、文书立卷的含义及特征

（一）文书立卷的概念

1．文书立卷的含义

文书立卷是指文书处理部门或人员将办理完毕的，具有保存价值的文件材料，根据其固有的联系及形成的规律，组成案卷的过程。

2．文书立卷的注意事项

对文书立卷的理解具体包括以下几个方面：

◆ 必须是办理完毕的文件材料才可以立卷

办理完毕是指文件的文书处理程序已经结束。

例如，请示性的文件在收到复文后就算办理完毕；批复性的文件在复文发出之后就算办理完毕。

◆ 必须是具有保存价值的文件材料才能归档保存

一个单位在工作活动中形成的文件材料很多，有些文件办理完毕后，其现行执行效力消失，又没有继续保存的价值，就没有必要立卷。所以，并非所有文件材料都要立卷。

立卷之前一定要进行鉴别，应把那些对于今后工作和研究具有考查、利用价值的文件材料立卷归档。

◆ 必须按照文件在形成过程中的联系和一定的规律组成案卷

每一个案卷里的文件是某一问题或某项工作活动系统的、有密切联系的文件组合体。

例如，一个案卷应能反映某一方面的工作或某项具体问题的处理情况；整个单位的案卷能够全面、系统地反映整个单位工作活动的全貌。

(二)文书立卷的特征

1. 立卷特征的内涵

立卷特征就是在立卷过程中,按文件的基本特征确定文件分类和组卷的原则和依据。

立卷就是按文件的特征和联系组合案卷,把具有共同特征和密切联系的文件组合在一起。简言之,立卷特征就是按文件特征分类和组卷。

2. 立卷特征的类型

根据文件的不同特征,可以作如下分类:

(1)按文件的时间特征立卷

◆ 含义

就是按文件的形成时间或文件内容针对的时间进行分类和组卷。

◆ 优点

按时间特征立卷,可以保持文件在时间上的联系,反映出一个单位在一定时间的工作特点和发展状况,便于按时间线索查找:文件和查考单位在不同阶段的工作情况等。

(2)按文件的地区特征立卷

◆ 含义

就是按文件内容所反映的不同行政地区或自然区域进行分类和组卷。

◆ 适用范围

地区特征一般较多地用于下属单位来文、调查统计材料和某些专门文件。

(3)按文件的作者特征立卷

◆ 含义

就是按文件的责任者进行分类和组卷。

◆ 优点

按作者特征立卷,不仅可以保持同一作者的文件之间的联系,系统地、完整地反映同一作者的工作活动情况,而且由于作者所处的地位与职能不同,也适当地区分了文件的重要程度和保存价值。

(4)按文件的问题特征立卷

◆ 含义

在立卷工作中,按不同事件、问题、项目等形成的文件进行分类和组卷,即按文件的问题特征立卷,比较广泛,成为常用的立卷特征。

◆ 特征

运用问题特征分类和组卷,具有很大的灵活性。

例如,同一问题的文件多,可以适当分为几个小问题;如果文件少,可以用大问题加以概括。但是,有些文件如会议记录、综合性文件是不宜按问题特征立卷的;还有一些虽属于同一问题的文件,由于保管价值不同,也应该分开立卷。

(5)按文件的名称特征立卷

◆ 含义

就是按文种进行分类和组卷。不同的文种反映文件不同的性质和作用,说明文件的重要程度和意义大小。

◆ 适用范围

以名称特征立卷一般用于组卷的比较多。

例如,领导指导性(命令、指示、决定、决议等)、综合性(会议记录、计划、总结、报告)、专业性强的(合同、协议、统计报表)以及内部期刊等文件材料都可以按名称特征组卷。

有些文种相近、价值相同,也可以合并组卷。

例如,指示、意见;条例、办法;计划、安排、打算、工作要点;报告、总结、汇报等。

除了按以上特征立卷的方法外,还可以按文件的其他特征立卷或排列卷内文件。如按重要程度排列,按姓氏笔画排列,按文件载体分类等。

对于某些特殊的文件材料,还可以采用特殊的立卷方法。例如人事文件材料,也可以用人物特征来组卷等。

二、文书立卷的原则和范围

(一)文书立卷的原则

文书立卷的具体原则主要体现在如下方面:

1. 文件材料有无保存价值是文书立卷的基本依据

文件的保存价值不是由立卷人主观决定的,而是由文件本身的价值决定的。

一般来说,凡是反映社会发展和记录主要工作活动的重要文件,其保存价值就大一些,具体体现在:

◆ 各阶段的指导性文件,重要会议通过的决议,重要的请示报告,需要贯彻执行的文件,有关重大问题的请示或报告等,这些都是很有价值的文书,必须立卷归档保存。

◆ 机关活动中形成的一般性文件,如,通知、便函等,保存价值相对要小些。

◆ 一般会议的通知,洽谈工作的介绍信和内部互相抄送的文件等基本上没有保存价值,根本没有立卷的必要。

2. 方便保管和利用是文书立卷的基本原则

文书立卷的目的,是为了方便文件的保管和日后的利用。为了方便保管和利用,要做到:

◆ 文书立卷是对文件的分门别类,每一个案卷就是一小类,案卷中文件的主题内容,案卷标题必须要概括出来,管理人员一看标题就知道卷内是何种文件。

◆ 对案卷内的文件数量也要加以限制

如果案卷内文件太多，不便装订及翻阅，用盒装也装不下；如果案卷内的文件太少，案卷太薄，所用卷皮数量必然增多，设备利用率低。

3. 保持文件之间的历史联系是文书立卷工作的前提

文件是记录历史的真实写照，文件之间的联系是自然的联系、历史的联系、客观的联系，文件的形成处理过程就反映了文件形成和处理过程中的各种关系，包含着各种关系。因此，立卷时必须考虑到这种自然的历史的联系，这是立卷工作的前提。

例如，每一个单位的每项重大的工作，一般事先都有计划，计划制定出来后要报上级批准，批准之后要传达给基层单位贯彻执行，在执行过程中遇到问题需要请示上级，上级对下级的请示要答复，这就形成了这个单位在某一历史阶段的工作计划、报告、通知、请示、批复、工作总结等一系列文件。

总之，在立卷时，只有保持了文件之间的历史联系，才能反映历史情况的真实面貌。

（二）文书立卷的范围

国家档案局1987年12月颁发的《关于机关档案保管期限的规定》、《文书档案保管期限表》、《机关文件材料归档和不归档的范围》等文件基本上科学地确定了文件的立卷范围，具体情况如下：

1. 应该立卷归档的文件材料，主要包括：

◆ 党和国家领导人、人民代表、上级机关领导等视察、检查本地区本机关工作时的重要指示、讲话、题词、照片和有特殊保存价值的录音、录像（以下简称声像材料）等材料；

◆ 上级机关颁发的属于本机关业务并要执行的文件，以及普发的、非本机关主管业务但需要贯彻执行的法规性文件，如决议、决定、指示、命令、条例、规定、计划等；

◆ 上级机关召开的需要贯彻执行的会议的主要文件材料，包括会议的通知、报告、决议、总结、纪要、领导人讲话、典型发言、会议简报、会议记录、录音带、照片；

◆ 上级机关转发本机关的文件（包括报纸、刊物转载）；

◆ 代上级机关草拟并被采用的文件的最后草稿和印本；

◆ 本机关党组（党委）、行政领导会议文件材料，本机关召开的工作会议、专业会议材料；

◆ 本级人代会、政协、顾委、党、政、工、青、妇领导机关召开代表大会、代表会议、工作会议的全套会议文件，以及各种声像材料（由召开机关收集归档）；

◆ 本机关的请示与上级机关的批复文件，下级机关的请示与本机关的批复文件；

◆ 本机关颁发的（包括转发及与其他机关联合颁发的）各种正式文件的签发稿、印制稿，重要文件的修改稿；

◆ 本机关检查下级机关工作、调查研究形成的重要文件材料；

◆ 本机关及其内部职能部门活动形成的工作计划、总结、报告；

◆ 反映本机关业务活动和科学技术管理的专业文件材料；

◆ 本机关形成的财务报表、凭证、账簿、审计等文件材料；

◆ 本机关或本机关汇总的统计报表和统计分析资料（包括计算机盘片等）；

◆ 机关领导人公务活动形成的重要信件、电报、电话记录，从外机关带回的与本机关有关的未经文书处理登记的文件材料；

◆ 本机关党委、团委、工会和内部组织机构在工作活动中形成的重要文件材料；

◆ 内容重要的人民来信、来访材料，领导的指示和本机关处理人民来信、来访形成的记录、摘要单、调查处理报告、统计分析材料等；

◆ 本机关成立、合并、撤销、更改名称、启用印信及其组织简则、人员编制等文件材料；

◆ 本机关（包括上报和下批）干部主免（包括备案）、调配、培训、专业技术职务评定、聘任，党员、团员、干部、工人名册、报表，纪律检查，治安保卫以及职工的录用、转正、定级、调资、退职、退休、离休、复员、转业、残疾、抚恤、死亡等工作及干部奖惩等的文件材料；

◆ 本机关及本机关批准的有关区域变化，解决山林、地界、水利纠纷，征用土地以及基本建设工程施工、竣工、购置大中型设备的文件材料，本机关直接管理的科研、生产、建设项目的科技文件材料；

◆ 本机关（本行业）的历史沿革、大事记、年鉴，反映本机关（本行业）重要活动事件的剪报、声像材料、荣誉奖励证书，有纪念意义和凭证性的实物和展览照片、录音、录像等文件材料；

◆ 本机关制定的工作条例、章程、制度等文件材料；

◆ 本机关编印的情况反映、简报等刊物定稿和印本，编辑出版物的定稿、样本；

◆ 本机关与有关机关单位签订的各种合同、协议书等文件材料；

◆ 本机关及本机关办理的干部、工人的转移工资、行政、党、团、工会组织介绍信及存根；

◆ 本机关财产、物资、档案等的交接凭证、清册；

◆ 各种普查工作中形成的文件材料；

◆ 本机关与外国签订的条约、议定书、协定、合同、换文（正本、副本）和机关外事活动中形成的请示、报告、计划、考察总结、重要简报、会议纪要、记录、声像材料、有参考价值的资料、互赠礼品清单、工作来往文件等；

◆ 有关业务机关对本机关工作检查形成的重要文件；

◆ 按有关规定应归档的死亡干部档案材料；

◆ 同级机关和非隶属机关颁发的非本机关主管业务但需要执行的法规性文件；

◆ 同级机关和非隶属机关与本机关联系、协商工作的重要来往文件；

◆ 下级机关报送的重要的工作计划、报告、总结、典型材料、统计报表、财务预算、决算等文件；

◆ 下级机关报送的法规性备案文件；

◆ 直属单位报送的重要的科技文件材料；

2. 不应立卷归档的文件材料，主要包括：

◆ 上级机关征求意见未定稿的文件；

◆ 上级机关发来供工作参考的抄件；

◆ 上级机关任免、奖惩非机关工作人员的文件，普发供参阅、不办的文件材料；

◆ 本机关的重份文件；

◆ 本机关未经会议讨论；未经领导审阅、签发的未生效文件、电报草稿，一般性文件的历次修改稿（重要法规性文件除外）铅印文件的各次校对稿（主要领导人亲笔修改稿和负责人签字的最后定稿除外）；

◆ 本机关无查考利用价值的事物性、临时性文件；

◆ 本机关内部互相抄送的文件材料，不应履行公文的行文、介绍信等；

◆ 本机关负责人兼任外机关职务形成的与本机关无关的文件材料；

◆ 本机关从正式文件、电报上摘录的供工作参阅的非证明材料；

◆ 本机关为参考目的从各方面收集的文件材料；

◆ 给本机关无特殊保存价值的来信，一般性表态、询问一般性问题、提出一般性建议或意见的人民来信；

◆ 非隶属机关抄送的不需要办理的文件材料；

◆ 同级机关参加非主管机关召开的会议不需要贯彻执行和无查考价值的文件材料；

◆ 越级抄送的一般的、不需要办理的文件材料；

◆ 下级机关抄报备案的一般性文件材料；

◆ 下级机关送来参阅的简报、情况反映、不应抄报或不必备案的文件材料。

各机关还应根据《机关文件材料归档和不归档的范围》的精神，结合实际情况，制定本机关、本系统文书材料归档和不归档的具体范围。

三、文书立卷的组织工作

文书立卷的组织工作主要包括以下环节：

（一）立卷工作会议

1. 立卷工作会议的概念

立卷工作会议是机关立卷部门在每年立卷工作开始前召开的关于部署当年立卷工作的专门性会议，是机关每年度的一个例会，是机关部门立卷制度的一项必要的内容和环节。

2. 立卷工作会议的基本内容

立卷工作会议的基本内容主要包括：

◆ 当年立卷工作的动员；

◆ 提出本年度立卷工作的工作安排、要求和步骤；

◆ 明确有关人员的立卷职责等。

3. 立卷工作会议的参加人员

参加会议人员为机关分管领导、综合部门（中心机构）负责人、立卷部门人员、档案部门负责人和机关各部门内勤人员等。

（二）立卷业务培训

1. 立卷业务培训的概念

立卷业务培训是指为提高立卷工作水平，由机关立卷部门或档案部门组织的关于具体立卷业务的一种专门培训。

2. 立卷业务培训的形式

立卷业务培训可采用专门培训、业余培训或以会代训（与立卷工作会议结合举行）等形式，有目的、有针对性地进行，并应结合规范、标准与本单位立卷工作实际，切忌形式主义，搞表面文章。

3. 立卷业务培训的内容

立卷业务培训的内容应包括文件与文件的种类、文件处理程序、立卷归档业务、案卷格式与质量要求和机关档案工作的基础知识等。

（三）文件材料的收集和清理

1. 文件材料的收集

文件材料的收集是指机关立卷人员根据机关立卷类目和文件材料形成的实际情况组织机关人员进行文件材料的清理，接收和催缴属于归档的文件材料，保证立卷归档文件材料的齐全和完整。

2. 文件材料的清理

文件材料的清理就是机关每一个工作人员有责任、有义务在机关年度立卷前，对自己所形成、保管和与己有关的属于归档范围的文件材料进行彻底地清理，向立卷人员移交。

（四）发挥机关档案室的作用

机关档案室在立卷工作中的作用主要有以下几个方面：

1. 协助立卷部门组织立卷的准备工作

在做好准备过程中，机关档案部门应做到：

◆ 参加机关立卷工作会议；

◆ 提供立卷人员的业务咨询和观摩学习；

◆ 协助组织立卷业务培训和文件材料的清理与收集。

2. 为机关立卷工作提供良好的后勤服务

机关档案部门后勤服务的作用主要体现在：

◆ 应保证立卷所需用品的供给，如标准卷皮、卷内目录、备考表、案卷目录、立卷流程单以及装订工具和用品等；

◆ 对立卷场所的管理，清理库房和档案装具，准备移交案卷的上架空间等。

3. 进行立卷工作的业务指导和监督

机关档案部门的指导与监督作用主要表现在：

◆ 协助机关立卷部门制订（修订）机关文件材料立卷类目；

◆ 指导和监督机关立卷人员的立卷工作，提供有关的业务标准和规范，确保文件材料的齐全完整和立卷的规范化、标准化；

◆ 加强立卷过程中文件材料的保管，防止遗失、泄密等失控现象，督促立卷归档工作按时保质地完成。

四、文书立卷的步骤

将一个机关在一定时间内的（如一年）若干文件按照立卷的方法和要求立成案卷，并达到便于管理、查找利用的一系列工作程序，就是文书立卷的步骤，也可以叫做立卷的程序。具体主要有以下这些步骤：

1. 将处理完毕的文件集中在一起

主要就是将前一年的处理完毕的文件集中在一起。

2. 拟分类大纲或立卷类目

本机关在没有较完备的归卷类目或分类大纲（分类表）的情况下，立卷人员要对应立卷文件的所属年代、种类、作者、所属机构及文件的所属问题（内容）有所了解，拟出分类大纲或立卷类目。

3. 按照立卷类目（分类表）和立卷归档范围将文件一一归入到相应的类别

4. 在进行第三步工作的同时，将不需立卷归档的文件剔除另放一处，妥善保管

5. 再次分卷

对归入类目内的文件，如果数量比较多，有可能再分为数卷、多卷的情况下，参照“多则分、少则合，重要的则分、不重要的则合”的方法，再分成若干组文件，分别一一夹入卷夹。

6. 对夹入卷夹的各个文件集合体，在小纸条上拟出一个能够比较确切反映卷内文件内容及其特点的标题，即案卷标题

7. 对卷内文件进行排列

卷内的文件要根据数量、作者、时间等具体情况进行排列，使卷内文件的秩序条理化。

卷内文件排列的方法，服从于便于查阅利用。在卷内文件较多的情况下，常常是两级排列，如先采用按问题排列，再在每个小问题里边按时间排列，小问题是第一级排列，时间是第

二级排列。

8. 对文件进行编页码

页码从卷内第一个文件第一页的右上角或右下角用打号机编,直到最后一页。

9. 填写卷内文件目录和备考表

填写文件目录,主要是为了管理和查阅的方便,只要一看卷内文件目录,便知道卷内有什么文件,这些文件的作者、标题、日期及其在卷内的先后顺序号、所在的页码。

备考表放在卷内文件的最后,主要项目有:卷内情况说明、立卷人、立卷时间等。

10. 确定保管期限

各种类型的文书档案案卷确定保管期限,应根据国家档案局颁布的《关于机关档案保管期限的规定》和《文书档案保管期限表》,做到准确划定案卷的保管期限。

11. 对案卷进行排列

案卷排列的方法应当根据机关的大小、每年立成的案卷数量、以往的案卷排列方法等具体情况而定。

值得注意的是:排列案卷时,一个类内的案卷,只能采用一种方法或者一种方法结合其他方法进行排列,并且要贯彻始终,切忌排列方法前后不一。

12. 编案卷号

案卷号是根据案卷排列顺序的先后而编的,卷号由机关档案室统一编列。

13. 填写案卷封面和卷脊

每年的文件立卷工作全部完成后,即应把全宗号和目录号、案卷号、年度填在卷脊和封面上。

14. 填写(编制、登记)案卷目录

具体过程如下:

◆ 案卷目录的填写工作,要求按照案卷的排列和编号的顺序,将案卷封面上的各个项目逐卷逐项填入案卷目录表内。

◆ 目录表填完后,还要加封面和扉页。封面和扉页都要醒目地标出立档单位的名称和案卷目录。

◆ 最后,将案卷目录表与封面、扉页装订起来。

第二节　文书整理与归档工作

文书的整理归档属于文书部门的职责范畴,它是文书工作的最后一个环节。实行文书部门整理归档,是我国文书工作和档案工作的一项基本制度,它使文书工作和档案工作在职责上有了科学的分工。

一、文书整理归档的内涵

(一)文书整理归档的含义

文书部门对办理完毕的文件,将其中有查考、利用、保存价值的,按照它们在形成过程中的联系和一定规律,以"件"为单位,分类整理,并进行装盒或编立案卷,定期移交给机关、单位档案室集中保管的过程,就是文书的整理归档。

(二)文书整理归档的原则

对于文书的整理归档,主要应遵循以下几条基本原则:

1. 必须依法进行文书的整理归档

《中华人民共和国档案法》为我国的文书工作和档案工作制定了统一的归档制度,各级各类机关、单位必须认真执行。

任何个人,无论是办公室工作人员,还是机关、单位的负责人,都不得私自保存或销毁应当归档的文件。

2. 必须是具有一定查考利用价值的文书才可整理归档

为保证档案质量,降低保管成本,就不能"有文必档",对于那些没有查考利用价值的文书可不必整理归档。

3. 必须是办理完毕的文书才可整理归档

所谓"办理完毕",是指文书处理程序上已经办理完毕,而不是指文书内容所涉及的事情已全部办理完毕。

(三)文书整理归档的作用

具体来说,文书整理归档的作用主要有如下三个方面:

1. 文书整理归档奠定了档案工作的基础

整理后的文件移交给机关档案室后,文件便从发挥现行效用转入备作查考,也就是说从现行文件运转过程,进入档案管理的阶段。

所以,文书整理归档工作是档案工作的基础,文书整理的质量,直接影响和决定档案室与档案馆档案的质量。

2. 文书整理归档保持了文件之间的历史联系,便于查考利用

每份文件既是独立的,而它们相互之间又有密切联系,如围绕一项工程的建设、一个案件的处理或召开一次会议,所形成的一系列文件,是密切联系的。

总之,只有很好地保持了文件之间的历史联系,才能便于反映工作活动的历史面貌,便于查考和利用。

3. 文书整理归档保证了文件的完整与安全,使其便于保管

在机关档案室和国家档案馆里,编目、鉴定、统计、提供阅览等工作,都是以文书的"件"

为基本单位来进行的。

因此，将文件整理归档，可以避免文件破损和散失，便于保管和保存。

二、文书整理归档的组织与要求

（一）文书整理工作的组织

文书整理工作的组织主要包括以下几个环节：

1. 选择整理环节

（1）整理环节的概念

所谓"整理环节"，就是选择整理的地点，亦即确定本机关的文书整理工作到底放在哪一级机构来进行。

（2）整理工作的形式

文书整理工作有集中和分散两种，主要是：

◆ 集中整理即集中在机关办公室整理，承办人把文件办理完毕后都退回到办公室，由办公室的专职或兼职文书人员统一进行整理。

◆ 分散整理即机关办公室与各组织机构分担整理工作。

（3）整理环节的选择

一般说来，整理环节的选择应与文书工作的组织形式相适应，把整理地点放在最能掌握文件的形成和处理情况的地方。具体情况如下：

◆ 中型或大型机关一般有两层以上机构，可以根据驻地、业务分工、文件数量、文书工作组织等情况，采取分工或部分集中、部分分工的办法。

◆ 有特殊业务的机构，如财会、人事、信访、保卫部门等，一般都自己单独进行文书整理。

2. 明确整理人

文件的整理主要由以下人员负责：

◆ 文书处理部门的工作人员

由文书处理部门的工作人员来整理，是指由这些机构内担任文件的内收发、运转、催办等工作的人员来负责整理。

因这些人熟悉文件的来龙去脉，熟悉文件之间的联系，另设整理人，就无法体现和发挥文书部门整理的优点。

◆ 承办人员

有些部门由于工作的特殊性，也可以采用先由承办人员初步整理的办法。

承办人员把自己处理、保存的文件交给整理人时，先把文件初步整理，将有联系的文件放在一起，并把文件的来龙去脉向整理人交代清楚。

3. 确定整理分工

整理分工主要包括机关之间的整理分工和机关内的整理分工,具体情况如下:

(1)机关之间的整理分工

机关之间的整理分工,是从建立一级档案材料基地的角度出发,从档案馆接收档案范围之内的一级机关的文件情况考虑,主要是针对归档后需要永久保存的文件而言。具体分工情况是:

◆ 领导同志兼任其他职务批办的兼职机关的文件和讲话,由兼职机关整理;

◆ 检查组、调查组、工作组形成的文件,由派出机关办公室整理;

◆ 几个机关联合组成的,由主办机关整理;

◆ 上级党、政领导机关下发的文件,分别由本级党政领导机关整理;

◆ 上级业务主管机关下发的文件,由本级的对口承办机关整理;

◆ 本级各机关的文件,谁制发谁整理;

◆ 联名发出或经两个以上机关会办的文件,主办和会办机关都要整理,定稿存放在主办机关,其他机关保存一份印刷本;

◆ 本级党、政机关批转某机关的文件,批转机关和批转文件直接针对的,需要贯彻执行的受文机关都需整理;

◆ 会议文件,谁召开的谁整理;

◆ 联名召开或以领导机关名义召开的,由实际主办机关整理;

◆ 下级文件,哪个机关承办的,由哪个机关整理。

(2)机关内的整理分工

机关内各部门之间的整理分工,尤应注意办公部门与业务部门之间的分工,因综合办事的办公部门在阅办文件过程中往往同业务部门交错,牵连很大,主要应注意以下几个环节:

① 收文阶段

收文阶段的具体分工如下:

◆ 上级机关的来文,属于综合、全面、政策性的,由机关办公室整理,属于具体业务性的,由对口业务部门整理;

◆ 下级或其他机关的来文,哪个部门办理,由哪个部门整理;

◆ 机关办公室收到文件后按业务分工或根据领导指示转送业务部门阅处,并由其代拟复文后连同收文送回办公室,再由机关领导人签发;

◆ 以机关名义答复来文机关的,一般由机关办公室整理;

◆ 外出开会带回来的文件,全面性的由机关办公室整理,业务性的由业务部门整理。

② 发文阶段

发文阶段的具体整理分工如下:

◆ 机关办公部门和业务部门各自起草发出的文件各自整理;

◆ 业务部门起草，由机关领导人签发，以机关名义发出的文件，由机关办公室整理。

◆ 党委或党组起草或讨论决定发出的文件，由党的办公室整理；若讨论决定后以行政机关名义发出，则由机关行政办公室整理。

(二)文书整理的基本要求

文书整理的基本要求具体体现在以下几个方面：

1. 实事求是地收集、鉴定和整理文书材料

2. 齐全、完整、系统地收集和管理文书材料

3. 反映机关文书之间内在的历史的联系

其主要表现为：

◆ 第一，要反映出文书之间在政策上的联系。

◆ 第二，文书整理要反映机关之间、机关部门之间的联系。

◆ 第三，要反映机关工作活动各个阶段、各个环节之间的联系。

4. 既要便于文书处理部门的暂存和利用，又便于档案室的保管

上述四项要求，对文书处理部门的文书整理工作来说是互相联系、缺一不可的。

三、文书整理归档的步骤

一般来说，文书整理的方法和步骤主要包括编制分类方案类目、初步整理、系统整理和归档几个环节，下面分别介绍：

(一)编制分类方案类目

1. 分类方案类目的含义

分类方案类目是指事先根据本机关工作的规律，在分析研究本机关工作性质、职权范围、内部机构及分工情况的基础上，预测下一年度可能形成的文书，按照文书整理的原则拟定的归档文书的类别和条目。

2. 分类方案类目的分类

按照改革后的文书整理要求，对每年的文书编制类别一般有三种方法，具体是：

(1)按问题分类

◆ 含义

按问题分类即按工作性质及内容分类，如技术类、宣传类、政法类、财经类等。

◆ 特点

其一，这种分类不受机构的限制，但要注意各类别之间应划分清楚，不能互相包含，类名也应该清晰明确，不能概念模糊。

其二，这种分类方法比较灵活，如果机关的职能、任务没有明显变化，可以长期使用；如果某年临时增加某项工作任务，可以另外增加有关类别。

◆ 适用范围

这种分类方法一般适合于较小型的机关、职能较少或内部组织机构不大稳定的机关以及各部门的文件交叉过多或机关本身是综合性较强的办事机构。

(2)按保管期限分类

按保管期限可分为短期、长期、永久三种。短期保管的期限为1至15年,长期保管的期限为16至50年,永久保管即需永久保存。

(3)按组织机构分类

◆ 含义

按组织机构分类即按机关内部各部门名称分类。

例如,某公司的内部机构有:党委办公室、经理室、人力资源部、财务处、技术处、科研处、计划处等,可直接采用这些内部机构的名称作为类名。

◆ 适用范围

较大型的机关或内部组织机构相对稳定的机关一般可采用此类分类方法。

这种分类是按照客观标准分类,较容易掌握,也方便归档,还可以使人们通过这种分类看出某单位的内部机构设置和机构的职能、任务等。

(二)初步整理

1. 初步整理的含义

初步整理即指平时归整,也就是文书处理部门在平时就要有计划地把本机关一年中逐步形成的应归档的文书逐步整理起来。

平时归整的实质就是在平时有计划地做好文书整理的基础工作,包括有计划地收集文件,并分门别类地进行管理,既便于平时的查阅利用,又为最后的整理归档奠定了基础。

2. 初步整理的过程

具体过程为:文书工作人员应根据文书分类方案把已经处理完毕的文书材料,以"件"为单位进行装订,并按有关类目随时归整,装入"案盒",到年终或第二年初再严格按归档的要求进行调整。

3. 初步整理的注意事项

初步整理工作应注意的是:

(1)及时收集已经处理完毕的文书材料

在收集文书材料的过程中,要做到以下几点:

◆ 积极主动地催促承办人员清退办理完毕的文件;

◆ 及时归整已经处理完毕的文件;

◆ 对外发文时,同时将定稿和一至二份存本归整;

◆ 收文时结合催办工作,及时清退归整;

◆ 及时登记和收集本机关内部使用的文件、会议文件、有关人员外出带回的文件；

◆ 建立简便易行的交接手续，对承办人员清退和借还文件进行登记。

(2)定期检查

在平时归整工作中，还应建立定期检查的制度。通过检查，可及时纠正文件归错类别的现象。

(三)系统整理

一年的工作结束后，文书人员还应在平时归整的基础上，对文件进行系统整理和编制目录，为的是便于移交和以后对档案文件的管理和利用。具体有以下步骤：

1. 确定案盒内文件

(1)确定案盒内文件的内涵

确定案盒内文件是指在平时归整的基础上，认真检查每个案盒内积累的文件，按照文书整理归档的原则和要求进行调整，并进行案盒内文件的排列、编号，最后确定案盒内的归档文书。

(2)确定案盒内文件的步骤

① 首先，进行检查调整。

确定案盒内的归档文书前，要对案盒内文件进行检查调整，主要内容包括：

◆ 检查是否以“件”为单位，例如定稿和正本是否组装在一起，请示和该文批复是否作为一件归类；

◆ 检查归类是否合理，是否将相同事由的文件集中排列；

◆ 检查归类的文件是否齐全，剔除不需归档的和没有保存价值的文件以及重份文件；

◆ 检查该案盒内的文件保管期限是否一致；检查案盒内文件的数量是否合适等。

② 其次，对案盒内文件进行排列。

主要是指在专门的盛放文件的盒子内按一定顺序叠放以“件”为单位的文件，不作装订，以代替过去的“案卷”。具体有如下四种方式：

◆ 按事由结合重要程度排列

首先将相同事由文件排列在一起，然后根据重要程度，把重要的文件排列在前，其他的文件依次排列在后。

◆ 按事由结合时间排列

首先将相同事由的文件排列在一起，然后结合时间按“件”进行排列，即时间早的排在前，时间晚的排在后。

◆ 成套性文件集中排列

先将会议文件依次排列在一起，各种统一报表集中在一起，然后结合时间或重要程度进行排列。不可将成套文件同其他文件混排在一起，但某份文件内表格除外。

2. 进行案盒内文件的编号

(1)归档章的图示及位置

文件编号以归档章的形式在每件文件首页上端注明(参见图4-1)。

归档章图示:

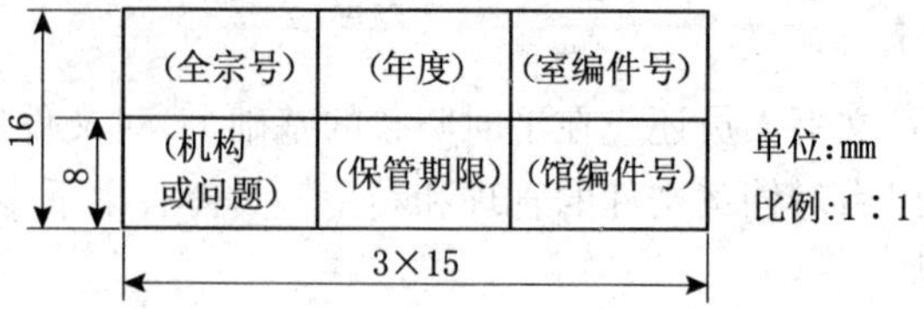

图4-1

归档章的位置可在首页右上角,也可在首页上端空白处,但在整个案盒文件中,其位置应一致。

(2)归档章的项目

归档章设置的必备项目有:全宗号、年度、保管期限、室编件号、馆编件号。选择项目有:机构(问题)。

必备项目编号必须填写,设置的选择项目根据情况填写。

(3)归档章的填写

归档章各项目的具体填写方法如下:

◆ 全宗号

填写同级国家综合档案馆给立档单位编制的代号。

◆ 年度

填写文件的形成年度,以四位阿拉伯数字标注公元纪年,如"2005"。

◆ 保管期限

标注"永久"、"长期"、"短期",也可标注其简称"永"、"长"、"短"。

◆ 室编件号

填写文件在同一保管期限内的排列顺序号。一般是:

单位同一年度里、同一机构(问题)、同一保管期限下,从"1"开始逐件编流水号。

永久保管文件较少的单位,永久和长期保管的档案可以从"1"开始混编成一个流水号,应按进馆要求编写。

3. 填写案盒内的项目

首先,填写案盒内文件目录表。

案盒内文件目录的内容一般包括七项:件号、责任者、文号、文件题名、日期、页数和备注,见表4-2。

表 4-2　案盒内文件目录

件号	责任者	文号	文件题名	日期	页数	备注

各项具体情况如下：

◆ 件号

即每件编一个号，填写室编件号。来文与复文作为一件，只对复文进行编号。

◆ 责任者

填文件的署名者或发文机关，责任者名称过长，可写规范的简称。

◆ 文号

填写制发机关的发文字号。

◆ 文件题名

填写文件标题，对于原无标题的文件应根据内容补拟后填写，自拟标题外应加方括号，以区别于其他文件标题的区别。

◆ 文件日期

即文件制发日期，日期用八位阿拉伯数字来标注年月日，如 20050709，此号的含义即为 2005 年 7 月 9 日。

◆ 页数

填写每一件文件的总页数，文件中有图文的为一页，空白页不计数。

◆ 备注

首先，填写文件的变化和要说明的情况及问题。

其次，填写备考表。

案盒的备考表放在案盒文件最后，说明盒内文件的状况，如该盒内文件缺损、移出、补充、销毁以及其他需要说明的问题等。

同时，填写登记日期及归档文件整理完毕的日期、整理人、检查人。

第三，填写案盒封面、盒脊。

调整后的文件按档案室编件号顺序装入档案盒，并需要填写档案盒封面、盒脊。具体要求如下：

◆ 档案盒的外形尺寸为 310 mm × 220 mm，盒脊厚度可视情况制作，厚度一般为 20 mm、30 mm、40 mm。

◆ 档案盒采用的材料必须经久、耐用，一般应采用无酸纸制作。

◆ 档案盒应根据摆放方式的不同，在盒脊或底边设置全宗号（档案馆给立档单位编制的代号）、年度、保管期限、起止件号、盒号等。

4. 归档工作

文书经过整理后，形成了系统的案盒，这时应向机关档案室进行移交，即归档，以便由档案室集中保管。

国家档案局发布的《机关档案室工作业务规范》具体规定了文书的归档制度，主要包括归档时间、归档范围以及案盒质量要求，具体如下：

（1）归档时间

文书部门或相关的业务部门，一般应在第二年的上半年向档案室移交全部案盒档案。

（2）归档范围

归档范围即文书整理的范围，具体要求为：

◆ 凡属整理归档范围的文件，一律归档；

◆ 不属于文书整理归档范围的文件，不需归档；

◆ 不归档的文件可按制度销毁。

（3）归档质量要求

关于归档质量的要求，主要应做到以下四点：

◆ 应按照文件之间的有机联系和保存价值，科学地整理归档。

◆ 应归档的文件材料要收集齐全、完整。

◆ 归档的案盒应符合文书整理归档的各项质量要求。

◆ 编制移交目录，至少一式两份；交接双方经过清点案盒，履行签字手续。

四、文书整理归档的改革

（一）文书整理归档改革的内容

文书整理工作，过去长期以来主要是指文书的立卷工作。所谓整理，就是把处理完毕的具有一定查考利用价值的文书材料组合成案卷，并进行装订，作为档案保管的基本单位。

2002 年 12 月 6 日，国家档案局发布了《档案文件整理规则》，正式拉开了文书整理归档工作改革的序幕。《规则》正式提出：

◆ 文书整理工作以“件”取代“卷”，即对文书实行文件级管理；

◆ 并以“案盒”取代“案卷”，以“案盒”作为保管单位；

◆ 以“年度、机构（问题）、保管期限”的文书整理分类方式取代过去“六个特征”的分类方式，取消硬卷皮和软卷皮；

◆ 用“归档文件目录”代替“卷内文件目录”，取消“目录号”增设“保管期限”；

◆ 取消案卷目录，增设归档文件目录，作为移交清册。

这些新规定成为我国文书整理工作改革的一项重大举措。

(二)文书整理归档改革的意义

文书整理以“件”取代“卷”,以“案盒”取代“案卷”,以“案盒”作为保管单位,似乎只是形式问题,实质上具有重要的意义。具体体现在如下方面:

1. 以“件”取代“卷”,主要优点有:

◆ 使文书整理分类的标准更客观。

◆ 使文书整理工作更符合其基本原则。

◆ 使文书整理工作更简便易行和更具确定性。

◆ 使文书整理手段更有利于现代化。

2. 以“案盒”取代“案卷”,主要优点有:

◆ 简化了装订手续。

◆ 统一了文书部门和档案部门的工作。

◆ 便于文书档案的查找和借阅。

◎ 本章小结

1. 文书的立卷归档,是公文处理工作的最后一道程序,又是档案工作的开始,文书案卷归档后即成为了文书档案。

2. 文书立卷的原则是:保持文件之间的历史联系,区分保存价值,便于保管利用。

3. 立卷的范围和要求应该按《机关文件材料归档和不归档的范围》办理,需要立的,文件办理程序完成后要及时立卷,没有参考价值的不能立卷,立卷前要经过科学地整理,立卷后要形成规范有序的案卷。

4. 立卷的方法有很多,可以根据文书的特征立卷,也可以根据保存的价值和期限来立卷。

5. 归档工作的重点是案卷的组合,组合工作中要注意检查文件的完整性、文件的数量和保存价值,要科学排列和编号,要拟好案卷的标题,然后编目成卷,并做好案卷的装订和装盒工作。

6. 文书整理归档的改革内容具体参见 2002 年 12 月 6 日国家档案局发布的《档案文件整理规则》。

◎ 练习题

1. 什么是文书的立卷工作?

2. 怎样理解文书的立卷原则和要求?

3. 什么是案卷的归档工作?

4. 文书整理归档的基本原则有哪些?

5. 文书整理归档的范围和要求是什么?

6. 文书整理归档的方法和步骤有哪些?

7. 文书整理归档工作改革有哪些主要措施？意义如何?

◎ **课后阅读**

文书档案立卷归档制度

(一)总则

第一条　根据邮电部《邮电文书立卷归档办法》,为加强本公司文书立卷工作,特制定本制度。

第二条　归档的文件材料必须按年度立卷,本单位内部机构在工作活动中形成的各种具有保存价值的文件材料,都要按照本制度的规定,分别立卷归档。

第三条　公文承办部门或承办人员应保证经办文件的系统完整(公文上的各种附件一律不准抽存)。结案后及时交专(兼)职文书人员归档。工作变动或因故离职时应将经办的文件材料向接办人员交接清楚,不得擅自带走或销毁。

(二)文件材料的收集管理

第四条　坚持部门收集、管理文件材料制度。各部门均应指定专(兼)职文书人员,负责管理本部门的文件材料,并保持相对稳定。人员变动应及时通知档案室。

第五条　凡本公司缮印发出的公文(含定稿和两份打印的正件与附件、批复请示、转发文件含被转发的原件)一律由办公室统一收集管理。

第六条　一项工作由几个部门参与办理,在工作活动中形成的文件材料,由主办部门收集归卷,会议文件由会议主办部门收集归卷。

1. 公司工作人员外出学习、考察、调查研究、参加上级机关召开的会议等公务活动的相关人员核报差旅费时,必须将会议的主要文件资料向档案室办理归档手续,档案室签字认可后财务部门才给予核报差旅费。

2. 本公司召开会议,由会议主办部门指定专人将会议材料、声像档案等向档案室办理归档手续,档案室签字认可后财务部门才给予报会议费用。

第七条　各部门专(兼)职文书的职责:

1. 了解本部门的工作业务,掌握本部门文件材料的归档范围,收集管理本部门的文件材料。

2. 认真执行平时归档制度,对本部门承办的文件材料及时收集归卷,每年的3月份前应将归档文件材料归档完毕,并向档案室办好交接签收手续。

3. 承办人员借用文件材料时,应积极地提供利用,做好服务工作,并办理临时借用文件材料登记手续。

(三)归档范围

第八条 重要的会议材料,包括会议的通知、报告、决议、总结、领导人讲话、典型发言、会议简报、会议记录等。

第九条 上级机关发来的与本公司有关的决定、决议、指示、命令、条例、规定、计划等文件材料。

第十条 本公司对外的正式发文、与有关单位来往的文书。

第十一条 本公司的请示与上级机关的批复。

第十二条 本公司反映主要职能活动的报告、总结。

第十三条 本公司的各种工作计划、总结、报告、请示、批复、会议记录、统计报表及简报。

第十四条 信访工作材料。

第十五条 本公司与有关单位签订的合同、协议书等文件材料。

第十六条 本公司干部任免的文件材料以及关于职工奖励、处分的文件材料。

第十七条 本公司职工劳动、工资、福利方面的文件材料。

第十八条 本公司的历史沿革、大事记及反映本公司重要活动的剪报、照片、录音、录像等。

(四)平时归卷

第十九条 各部门都要建立健全平时归卷制度。对处理完毕或批存的文件材料,由专(兼)职文书集中统一保管。

第二十条 各部门应根据本部门的业务范围及当年工作任务,编制平时文件材料归卷使用的"案卷类目"。"案卷类目"的条款必须简明确切,并编上条款号。

第二十一条 公文承办人员应及时将办理完毕或经领导人员批存的文件材料,收集齐全,加以整理,送交本部门专(兼)职文书归卷。

第二十二条 专(兼)职文书人员应及时将已归卷的文件材料,按照"案卷类目"条款,放入平时保存文件卷夹内"对号入坐",并在收发文登记簿上注明。

(五)立卷(案卷质量要求)

第二十三条 为统一立卷规范,保证案卷质量,立卷工作由相关部室兼职档案员配合,档案室文书档案员负责组卷、编目。

第二十四条 案卷质量总的要求是:遵循文件的形成规律和特点,保持文件之间的有机联系,区别不同的价值,便于保管和利用。

第二十五条 归档的文件材料种数、份数以及每份文件的页数均应齐全完整。

第二十六条 在归档的文件材料中,应将每份文件的正件与附件、印件与定稿、请示与批复、转发文件与原件、多种文字形成的同一文件,分别立在一起,不得分开,文电应合一立卷;绝密文电单独立卷,少数普通文电如果与绝密文电有密切联系的,也可随同绝密文电立卷。

第二十七条 不同年度的文件一般不得放在一起立卷,但跨年度的请示与批复,放在复文年立卷;没有复文的,放在请示年立卷;跨年度的规划放在针对的第一年立卷;跨年度的总结放在针对的最后一年立卷;跨年度的会议文件放在会议开幕年,其他文件的立卷按照有关规定执行。

第二十八条 卷内文件材料应区别不同情况进行排列,密不可分的文件材料应依序排列在一起。即批复在前,请示在后;正件在前,附件在后;印件在前,定稿在后;其他文件材料依其形成规律或特点,应保持文件之间的密切联系并进行系统地排列。

第二十九条 卷内文件材料应按排列顺序,依次编写页号。装订的案卷应统一在有文字的每页材料正面的右上角、背面的左上角打印页号。

第三十条 永久、长期和短期案卷必须按规定的格式逐件填写卷内文件目录。填写的字迹要工整。卷内目录放在卷首。

第三十一条 有关卷内文件材料的情况说明,都应逐项填写在备考表内。若无情况可说明,也应将立卷人、检查人的姓名和时期填上以示负责。备考表应置卷尾。

第三十二条 案卷封面,应逐项按规定用毛笔或钢笔书写,字迹要工整、清晰。

第三十三条 案卷的装订:装订前,卷内文件材料要去掉金属物,对破坏的文件材料应按裱糊技术要求托裱,字迹已扩散的应复制并与原件一并立卷,案卷应用三孔一线封底打活结的方法装订。

第三十四条 案卷各部分的排列格式:软卷封面(含卷内文件目录)—文件—封底(含备考表),以案卷号排列次序装入卷盒,置于档案柜内保存。

第三十五条 本制度自印发之日起实施。

令朱元璋“头痛”的明朝文书工作

明代开国皇帝朱元璋当政时,曾接二连三地颁布了各种条例、法令,对“在其位,不谋其政”,“故行沉滞公文”等不负责的官吏,采取了严厉的措施。

因受元朝的影响,明朝文牍主义盛行,行移复杂,案牍繁冗,官吏起草的文书动不动就是数千言、数万言。朱元璋发现了这个问题的严重性,在他正式称帝的前夕就说:“立法,贵在简,当使直言理明,人人易晓,若条绪繁多,或一事而两端,可轻可重,使奸贪之吏得以夤缘为奸,禁残暴反以贼善良,非良法也,务求适中,以去其弊。”同时,也多次下令严厉禁止使用繁文,要求案牍简而明,人人易懂,以提高办事效率。

刑部主事茹太素上万言书,朱元璋命中书郎王敏念给他听,念了6 370个字,还不知道茹太素上书有什么具体意见。朱元璋大发雷霆,把茹太素叫来狠狠地批了一顿。第二天,朱元璋又让人念给他听，当念到16 500个字时，才涉及本题。茹太素一共建议了五件事情，其中有四件事情是可取的，朱元璋立刻命令主管部门施行，同时指出这五件事有500多字就能讲清，却啰啰唆唆写了17 000字，这是繁文之过。

朱元璋于洪武九年（公元1376年）命令中书省颁布建言格式，还亲自写了序言，以引起全国的重视。后来，他感到只颁布建言格式，仍不能解决问题，因此，在洪武十二年（公元1379年）又命令廷臣讨论研究，订出了“案牍减繁式”，颁发各衙门遵照执行。

洪武十四年（公元1381年）朱元璋在“命诸司遵奉勘合敕”中，指责当时的工部私自乱发文书，“洪武十四年，工部事发，考其行移，自洪武十四年五月至十一月终，擅生事务，行下诸司文书一万九千件。”

由此说明，工部发文每个月平均3 000件，每天平均100件。朱元璋抓住工部这个问题，进行了严厉的处罚，把工部尚书处死。洪武十五年（公元1382年）十月，刑部尚书上奏说，内外诸司，议刑奏割，动辄千万言，泛滥无纪。朱元璋感到这个问题仍然很严重，因此下令说：“虚词失实，巧文乱真，朕甚厌之，自今有以繁文出入朝廷者，罪之。”于是，他命令刑科会同诸司拟定了案牍禁止使用繁文的规则，规定如果文书仍然使用繁文，就要受到法律制裁；同时，颁布了“行移往来关系”。

洪武十八年（公元1385年），朱元璋又亲自起草、颁布了“御制行移减繁体式一册”。这些法令、条例的颁布，对于克服繁文之害，具有非常重要的意义。

但是，朱元璋为了巩固明王朝的封建统治，尽管采取了许多措施改革文书处理程序、禁用繁文，而送到他面前的文牍仍然堆积如山。

据洪武十七年九月十四日至九月二十一日统计，八天之中，内外诸司的奏章就有1 660件，涉及的问题共有3 391件。这个数字意味着每天他要看或听200多个文件和报告，要处理400多件事务。

下篇　档案管理

第一章　档案工作概述

现代档案学的内容非常丰富。在大型机关、单位里，文书工作与档案工作由不同的专职人员承担，但在一般的中小型机关、单位中，秘书部门往往要兼管文书工作和档案工作。

随着“文档一体化”进程的发展，秘书更应自觉地在实践中把文书工作和档案工作有机结合起来。

第一节　档　　案

随着社会的发展和商业活动的繁荣，文字的发明及运用，私有制国家的出现，为档案的形成创造了条件。

从这个意义上说，文书是档案的前身，档案是文书的归宿，档案与文书是同一事物的两个不同发展阶段。

一、档案的概念

(一)档案的定义

1. 档案的历史

档案一词的出现过程如下：

◆ 据现有材料记载，“档案”一词最早出现在清代康熙十九年(1680)的《起居注》中。

◆ 至康熙四十六年(1707)杨宾的《柳边纪略》中才出现了对“档案”一词的解释：“边外文字，多书于木，往来传递者曰牌子，以削木片若牌故也；存贮年久者曰档案，曰档子，以积累多贯皮条挂壁若档故也。然今文字之书于纸者，亦呼为牌子、档子矣。”

2. 现代对档案的理解

现在一般认为：档案是指国家机构、社会组织或个人在从事政治、军事、经济、科学、技术、文化、宗教等活动中直接形成的对国家和社会有保存价值的各种文字、图表、声像等不同形式的历史记录。

简言之，档案是记录人类社会实践活动各种信息的载体。

(二)对档案含义的理解

档案的定义具有丰富的内涵,具体体现在:

1. 档案记录的是原始信息

档案的本质特征就是对历史的一种原始记录。

2. 档案的形成主体是人

由于只有人类进行了有目的的社会实践活动,才能产生档案,所以,档案是人类社会的特有现象。

3. 档案来源于社会实践

档案是一种普遍的社会现象,它是在人类从事各种社会实践活动中产生的,这些社会实践活动涵盖了物质生产活动、科学研究活动、社会管理活动等社会活动的一切领域。

4. 人类实践活动的多样性决定了档案的多样性

档案的多样性表现在两个方面:

◆ 其一,档案载体的多样性。

档案载体的多样性主要源于人类不同历史时期的生产力发展水平的差异,及科学技术进步带来的新材料、新的记录方式的出现,如声像档案、磁盘档案、光盘档案、胶片档案,等等。

◆ 其二,档案门类的多样性。

档案门类的多样性主要源于人们社会实践活动的多样性。

(三)档案的形成条件

具体来说,文件转化为档案必须满足以下三项条件:

1. 要办理完毕

只有办理完毕的文件才能作为档案保存。根据文件的不同功能,办理完毕主要有以下三种情况:

◆ 完成了文书处理程序及相关工作的部署

此时主要适用于一些需要长期贯彻执行的法规政策和规章制度性文件。

◆ 完成了文书处理程序

此时主要适用于只需在一定范围内传阅或向下传达的上级普发性文件。

◆ 文件内容所涉及的事情已经办理完毕

此时主要适用于文件中所要办理的事宜一般在短期内即可办结。

2. 要有保存价值

任何机关和个人,不可能也不必把工作活动中形成的所有文件都作为档案保存起来。具体做到如下:

◆ 其中部分文件在事情办理完毕后,就失去了继续存在的价值,应当及时加以处置;

◆ 而另一部分文件在办理完毕后，仍有多方面的查考利用价值，就应以归档的方式保留下来。

3. 要集中保存

具有保存价值的文件只有完成了鉴定、整理、归档程序，才能转化为档案。

因此，各机关内部形成的具有保存价值的文件，都必须及时移交本单位档案部门或分管档案工作的人员集中保存。

(四) 档案的形式

档案形式包括内容记录方式和档案的载体形式，具体如下：

1. 档案的内容记录方式

档案内容的记录方式也是多种多样的，由手写、刀刻、印刷、晒制发展到摄影、录音、录像等，现代档案所记录的内容图文、声像并茂，日趋直观与生动。

2. 档案的载体形式

从档案载体的发展演变来看，大致经历了甲骨、金石、简牍、缣帛、纸张、胶片、磁带、磁盘、光盘等多个发展阶段。

随着科学技术的发展，档案的载体还在不断朝着体积小、分量轻、承载信息密度大的方向发展和变化。

二、档案的分类

档案的范围无所不包，从不同的角度，可以把档案分成各种不同的类型，主要有：

1. 按照档案的时间划分

我国通常将档案分为中华人民共和国以前的档案和中华人民共和国时期的档案两大类。具体内容如下：

(1) 中华人民共和国成立前档案

即1949年10月1日中华人民共和国成立之前各个历史时期中形成的、各种内容和形式的档案，又称“历史档案”。这部分档案可具体划分为旧政权档案和革命历史档案。

(2) 中华人民共和国成立后档案

即1949年10月1日中华人民共和国成立以后各机关、团体、企事业单位形成的档案，又称“建国后档案”，是我国国家档案全宗中数量最多、内容最丰富、保存最完整的一部分档案，并将随着时间的推移和社会的发展继续增长。

2. 按档案的内容性质划分

根据内容性质划分，各单位、各部门形成的档案可划分为人事档案、财务档案、组织档案、行政档案、诉讼档案、军事档案、外交档案、科学技术档案、历史档案等。

3. 按照档案的来源划分

档案可分为上级机关档案、下属机关档案、本机关档案、非隶属机关档案等。

4. 按照档案的属类划分

档案可分为国家机关档案、党派团体档案、企业档案、事业单位档案、名人档案、专业档案等。

5. 按照记录信息的方式划分

档案可分为文字档案、图形档案、音像档案。

6. 按照档案所有权标准划分

档案可分为国家所有档案、集体所有档案、单位所有档案和个人所有档案。

7. 按照档案的载体形式划分

档案可分为金文档案、石刻档案、甲骨档案、泥板(或泥版)档案、简牍档案、缣帛档案、羊皮档案、纸质档案、胶片档案、磁带档案、光盘档案、电子档案等。

当然,上述档案的分类方法不是绝对的。在具体工作中,对于一个单位来说,一般只能按某种分类方式将档案进行相对地划分。

三、档案的价值和作用

作为人类历史活动的真实记录,档案具有其他各种信息资源所不能替代的特殊价值与作用。

(一)档案的价值

档案具有重要的价值,具体体现在:

1. 凭证价值

凭证价值是档案的第一价值,主要体现在:

从档案内容分析,档案主要是由记录和反映人类社会活动情况的文件转化而来的,其内容比其他各种信息资源更直接与客观,具有很强的凭证价值。

从档案的形式分析,档案文件上留有许多历史的痕迹,包括手迹、印记、声音和图像等。这些痕迹的存在,使档案成为一种确凿的历史证据,具有不容置疑的权威性。

例如,作为重要的法律凭证,北京协和医院的病历档案就曾在震惊中日两国的赵欣伯遗产案中帮助北京市公民赵宗阳成功继承了父亲的遗产。

2. 参考价值

参考价值被称为档案的第二价值。档案来源广泛,内容丰富,详细记录了人们社会活动的过程和思想认识水平,对于后人研究有关事物的发展规律具有较高的参考价值。

例如,在中央档案馆,保存着许多记录中国共产党和中华人民共和国历史发展的珍贵档案,凝固着老一辈革命家的人生轨迹,形成了一本本共和国的成长"日记"。

(二)档案的作用

档案作为历史记录和凭证,具有广泛的社会作用,具体体现在:

1. 档案的法律凭证作用

档案是原始的历史记录，其法律凭证作用主要体现在：

◆ 档案是维护国家、个人、集体权益的重要法律书证，在国家的政治、经济、军事、外交等活动中发挥着重要的法律凭证作用。

◆ 档案在记录各种社会活动过程的同时，以法规、法律、协议、合同等形式规定了当事人的义务与合法权益，是有关单位和当事人维护自身合法权益的有力证据。

◆ 许多管理活动中形成的档案，能准确反映公民个人婚姻、学籍、资历、工资、待遇、户籍等方面历史情况，是确定公民身份、权利、义务的可靠法律凭证。

2. 档案的参考作用

档案不仅记录了历史的事实，也记录了历史的过程，记录了人们在各种活动中的实践经验和认识发展过程。因此，档案对于人们研究有关事物的发展规律，具有参考作用。

例如，人们可以从历来的政治运动、科学研究、生产实践中吸取成功的经验和失败的教训，可以参考、比照、以此为鉴。

3. 档案的行政查考作用

档案是一个单位历史活动的真实记录，记载着人们工作活动的经验和教训。

例如，档案中的会议记录和纪要、工作计划、工作总结和简报、方针政策性文件和规章制度等材料，都是各级领导人和行政工作人员了解某一领域历史发展状况、研究事物发展规律、制定本单位发展规划、处理现实问题的依据性材料，具有很强的资政功能和行政查考作用。

4. 档案的文化传承作用

档案是历史的沉淀物，是宝贵的人类文化遗产，其中不乏已被列入世界文化遗产保护工程的珍贵历史文献，是研究人类社会文明进程、传承各国优秀文化的宝贵资料。

例如，档案中有大量的字画、戏曲、音乐、影视作品等，内容丰富，形式多样，是人类学习继承民族优秀文化的珍贵资料。

5. 档案的宣传教育作用

档案具有历史性、直观性和原始性等特点，是开展爱国主义教育和宣传活动的生动素材。

例如，利用档案举办展览，编写著作，对后人进行爱国主义教育，具有很强的说服力和感染力。

第二节　档案工作

档案工作深深植根于人类社会生活，与人类社会发展同步，并随着社会文明程度的提高，越来越深入到社会生活的各个方面，在经济发展、精神文明建设中发挥着越来越重要的作用。

一、档案工作概述

（一）档案工作的含义

档案工作是一个很广泛的概念，主要有广义和狭义之分。

从广义上讲，档案工作指整个国家的档案事业，包括直接在档案馆和档案室的各种具体工作，也包括从事档案方面的教育工作、行政管理工作以及科研工作，甚至还包括涉及档案的宣传出版及外事工作等。

从狭义上理解，档案工作主要是指档案馆（室）的业务工作，即用科学的方法管理档案实体，为党和国家的各项事业服务，为社会公众服务。我们通常所说的档案工作是从狭义的角度讲的。

（二）档案工作的基本职能

档案工作的基本职能主要有：

◆ 在统一领导、分级管理的原则下，对所属单位的档案工作进行监督和指导。

◆ 对本机关各部门文件、资料的形成和积累、立卷、归档工作进行监督和指导。

◆ 负责集中统一管理本机关各种门类和载体的档案以及有关资料，对档案实行科学的管理，积极提供利用，为机关各项工作服务。

◆ 贯彻执行档案工作的法律、法规及各项相关的方针政策，建立健全机关档案工作的各项规章制度，办理有关领导交办的其他相关的档案业务工作。

◆ 为党和国家积累档案财富，按规定将具有长远保存价值的档案向档案馆移交。

（三）档案工作的内容

档案工作的基本内容包括档案的收集、整理、鉴定、保管、统计、检索、利用、编研八项工作，通常称为档案工作的八个业务环节。具体体现在：

1. 收集

收集是档案工作的起点，是决定档案馆（室）藏资源建设成败的基础工作。

各机关、单位在日常工作中形成的数量众多的文件，往往是分散的，如果需要归档，必然要对分散的文件进行集中、分类、挑选，将有保存价值的选出来立卷归档，这就形成了档案的收集工作。

2. 整理

整理是档案工作的核心部分，是确保整个管理工作规范有序的重要基础工作。

为了将他们变成档案进行保管，为今后提供利用服务，就需要把这些收集来的文件分门别类，逐步条理化和系统化，这就形成了档案的整理工作。

3. 鉴定

鉴定是指对档案价值的鉴别与判定，是使档案馆（室）的库藏由庞杂趋向精练的重要基础工作。

为了使最有价值的档案更好地发挥作用，就必须对保存的档案进行鉴定，剔除那些失去保存价值的档案，将档案分级保管，这就形成了档案的鉴定工作。

4. 保管

保管是指对入库档案进行日常维护和管理，是确保档案实体完整安全的重要基础工作。

为了更长远地利用档案，需要对档案采取各种保护措施，保证其完整、齐全，尽量延长其使用寿命，使档案得到妥善地保管，由此形成了档案的保管工作。

5. 统计

统计是对档案及档案的管理情况进行登记、记录和统计。统计工作的基本任务是：

在对档案及档案管理各个方面情况进行记录和量化描述的基础上，全面研究、分析、把握档案及档案管理的状态、趋势与规律，为整个管理工作提供真实可靠的原始数据和基本事实，增强档案工作决策的科学性。

6. 检索

检索是指围绕档案信息的查找、存取而开展的一系列工作。

为了满足各种特定的查找、利用要求，需要通过多种途径和形式揭示档案的内容和成分，提供查找档案的手段，由此形成了档案的检索工作。

7. 利用

利用是直接体现档案工作目的的具体工作。

为了使档案的作用及时、充分地发挥出来，需要开辟各种途径，采取各种形式，向利用者介绍档案馆(室)藏可以利用的档案，这些都是档案的利用工作。

8. 编研

编研是一项具有研究性的专门工作。

为了满足更多利用者的不同要求，也为了保护档案的原件，就需要对档案史料进行研究，汇编并出版档案史料，在更大范围内发挥档案的作用，由此形成了档案的编研工作。

上述档案工作的八项任务既互相区别又互相依存，相辅相成，紧密联系成一个有机的整体，这就是档案工作系统。

档案工作的各个业务环节都有自己不同的内容，负有各自的责任，每项工作都不可缺少，都十分重要。因此，应全面地了解各个环节的特殊性，根据每个环节的特点来开展工作。

二、档案工作的机构

在我国，档案工作机构主要分为档案行政管理机构和档案工作管理机构两大类。

(一) 档案行政管理机构

1. 档案行政管理机构的性质

档案行政管理机构，是党和国家指导和管理档案工作的业务部门。

由于我国的党、政档案工作实行统一管理,因而,各级档案行政机构,既是党的机构,又是国家的机构。

2. 档案行政管理机构的任务

档案行政管理机构的具体任务,主要包括:

◆ 研究制定档案事业发展规划和计划。

◆ 依据国家的法律法规和政策,拟定档案工作的规章、办法,建立国家档案工作制度。

◆ 指导和监督各机关、部队、团体、企事业单位的档案工作,规划和筹建档案馆,在业务上指导档案馆的工作。

◆ 组织和指导档案工作业务经验的交流、档案工作干部的专业教育和档案科学的研究。

◆ 研究和审查有关档案保存价值、保管期限的原则和标准,监督和审议有关档案的销毁问题。

◆ 对各机关、团体和企事业单位的档案工作和各级各类档案馆的工作进行监督、检查和指导,依法查处违反《中华人民共和国档案法》的行为。

◆ 组织、指导档案理论与科学技术研究。

◆ 组织档案人员专业技术职务资格评审工作。

◆ 组织、开展国内外的档案学术交流与合作。

3. 档案行政管理机构的职责

《中华人民共和国档案法》规定:

◆ 国家档案行政管理部门主管全国档案事业,对全国的档案事业实行统筹规划,组织协调,统一制度,监督和指导。

◆ 县级以上地方各级人民政府的档案行政管理部门主管本行政区域内的档案事业,并对本行政区域内机关、团体、企事业单位和其他组织的档案工作实行监督和指导。

◆ 乡、民族乡、镇人民政府应当指定人员负责保管本机关的档案,并对所属单位的档案工作实行监督和指导。

总之,档案行政机构的基本职责是:在统一管理党、政档案工作的原则下,分层负责地掌管全国档案事务,对全国档案工作进行监督、检查与指导。

(二)档案工作管理机构

档案工作的实体管理机构主要有以下几类:

1. 档案室

(1)档案室的性质

档案室是各机关、团体、企事业单位为统一保存、管理和提供利用本单位形成的各类档案而设置的内部机构,是各单位管理工作的组成部分,主要为本单位各项工作提供档案信息的服务。

例如，到2001年底中央国家机关档案室有111个，2000年度各省、自治区、直辖市直属机关有档案处(科)428个，档案室2 663个；现有全部专职人员3 733人，兼职人员11 983人；室存全部档案有全宗9 440个，案卷22 263 747卷，以件为保管单位的档案4 044 676件，照片档案1 330 339张，底图3 146 614张；缩微胶片有平片294 873张，开窗卡30 456张，卷片11 902米；室存资料1 492 656册，年利用档案544 008人次、1 615 045卷件次；档案室库房建筑面积总合197 824平方米。

(2)档案室的基本职责

档案室的基本职责，概括起来主要有以下几个方面：

◆ 贯彻落实国家和上级主管部门制定的各项档案工作法律、法规和方针政策，建立健全本单位档案工作的规章制度和档案工作网络。

◆ 对本单位文书部门或业务部门文件材料的归档工作进行指导和监督。

◆ 接收和保管本系统各单位交来的档案材料，并进行必要的整理、鉴定、统计、编目和研究，积极开展利用工作，同时收藏和管理一些有关的内部书刊等资料，配合档案提供利用。

◆ 积极开展档案利用工作，为本单位和社会利用档案提供服务。

◆ 定期把具有长远保存价值的档案向档案馆移交。

◆ 对所属机构的档案工作实行监督和指导。

(3)档案室的类型

根据不同的角度，档案室可分为如下类型：

◆ 普通档案室

通常也称作机关档案室、文书档案室，主要管理普通档案。这种档案室在全国最普遍，数量也最多。

党政机关、团体、企事业单位的档案室都属于这一类，它负责统一管理本单位的各种档案。

◆ 综合档案室

综合档案室是统一管理本单位所有门类和载体档案的机构。

综合档案室通过对本单位档案资源和人力资源的整合来降低档案管理的成本，提高档案利用效率，是目前最普遍、数量最多的一种档案室形式。随着档案综合管理工作的发展，近年来综合档案室迅速增加。

◆ 科技档案室

科技档案室是专门管理本单位在工农业生产、科学研究、基本建设、仪器设备管理活动中形成的科技档案的档案机构。

各公司、企业、设计单位、科学技术研究院(所)等，一般都设有此种档案室。

◆ 联合档案室

同一地区联合设立的档案机构,称联合档案室,也称档案服务中心,负责保存和管理这一地区的档案。

这些单位一般规模不大,每年产生档案不多,没有必要建造专门的档案库房,便以联合档案室的形式来管理档案,以减少人、财、物的重复投资,降低档案管理的成本,提高工作效率。

◆ 文书档案室

文书档案室也称为机关档案室、普通档案室,负责管理本单位在党务、行政活动中形成的文书档案。

◆ 音像档案室

即影片、照片、录音带等特种档案室。

电影公司或制片厂、新闻摄影部门(如报社、通讯社)、广播事业部门和唱片厂等单位设有这种档案室(有的也叫资料室)。

◆ 人事档案室

这种档案室也比较普遍,它是各单位人事部门专门设立的管理人事档案的机构。

(4)档案室的地位和作用

档案室是我国档案工作机构体系中数量最多、最普遍、最基层的业务机构,承担着积累、保存和输送国家档案的重任,是国家档案事业的基础。其地位和作用主要表现在两个方面:

◆ 一方面,档案室是机关内具有参谋和咨询作用的部门,它是机关工作的助手,为机关的领导工作和机关内各部门的工作提供可利用的档案材料,为机关工作和生产活动服务。

◆ 另一方面,档案室是国家档案工作组织体系中的基层组织,是档案馆工作的基础,档案室的档案管理工作对档案馆的档案质量有决定性的影响。

2. 档案馆

(1)档案馆的性质

各级各类档案馆是国家永久保管档案的基地,是我国档案事业的中心,它与单位的档案室不同,是面向社会的事业单位,属于科学文化事业的组成部分,具有很强的文化性、社会性和科学性。

例如,我国已有各级各类档案馆 3 816 个,其中,国家综合档案馆 3 046 个,国家专门档案馆 225 个,部门档案馆 142 个,企业档案馆 304 个,文化事业单位档案馆 40 个,科技事业单位档案馆 59 个。档案馆总建筑面积 4 659 866 平方米,其中库房面积 2 574 437 平方米。

(2)档案馆的基本职责

各级档案馆的具体职责,概括起来主要有以下几个方面:

◆ 接收与征集本级各机关、团体及其所属单位具有长期和永久保存价值的档案以及有关资料,并进行科学地管理。

◆ 科学地管理所接收的各类档案。

◆ 通过多种方式,积极开展档案资料的利用工作。

◆ 参与编修史志的工作。

(3)档案馆的类型

按照《全国档案馆设置原则和布局方案》的规定,我国主要设置了以下几种类型的档案馆,具体是:

① 国家档案馆

国家档案馆主要包括综合档案馆和专门档案馆,具体表现为:

◆ 综合档案馆是按行政区划或历史时期设置的,负责收集和管理所辖范围内各种门类的档案。

中央设置了中央档案馆、中国第一历史档案馆、中国第二历史档案馆三个综合档案馆;地方按行政区划分级设立综合档案馆。

◆ 专门档案馆是收集和管理某一专门领域或某种特殊载体形态档案的档案馆。

例如,中国照片档案馆、中国电影资料馆等。此外还有全国各大城市普遍设立的城市建设档案馆,主要负责管理有关城市规划、建设、管理活动中形成的专门档案。

② 部门档案馆

部门档案馆是中央办公厅和地方某些主管部门所属的、收集管理本部门档案的事业机构。

例如,根据国家外交、安全工作的特殊需要,分别设置的外交部档案馆、安全部档案馆等。

③ 企事业单位档案馆

按照国家统一标准确定的大型企业和部分建立时间较长的中型企业,根据实际工作需要,经企业领导批准,可成立企业档案馆。企业档案馆需要向同级档案行政管理部门备案。

(4)档案馆的地位和作用

档案馆在国家档案事业中始终占有主体地位,主要体现在:

◆ 档案馆是国家具有长远保存价值档案的保管基地和利用中心。

◆ 档案馆工作的水平是同级档案行政管理机构行政监督与业务指导效果的体现。

◆ 档案馆的馆藏是档案室工作成果的展示。

3. 几种新型的档案管理机构

随着档案事业的发展,近年来也出现了一些新型的档案机构,主要有:档案寄存中心、文件中心等,具体表现在:

(1)档案寄存中心

◆ 含义

档案寄存中心是指在国家综合档案馆设立的、为各类需要寄存档案的单位提供档案寄存有偿服务的机构。

档案寄存中心是适应市场经济体制下企业、社会团体与个人需要而建立的一种新型的档案管理模式。

◆ 服务对象

档案寄存中心的服务对象主要是一些不具备专门库房与专业人员等档案保管条件的、需要降低保管成本的档案形成单位。

(2) 文件中心

① 含义

文件中心也是档案实体保管机构，是介于文件形成部门和档案馆之间的一种中间性、过渡性机构。

②主要职责

◆ 接收、存储各单位的半现行文件，即办理完毕、尚未移交档案馆保存的文件材料；

◆ 提供快速、准确的文件借阅服务；

◆ 根据形成单位和档案馆批准的文件处置表，对所保管的文件进行处置，包括销毁不需要继续保存的文件和向档案馆移交具有永久保存价值的文件。

③ 类型

文件中心分为商业性和政府性两种类型，具体表现为：

◆ 商业性文件中心

商业性文件中心是有关机构或个人创办的营利性文件管理机构，以提供文件管理服务收取服务费用来维持机构的生存与发展。

◆ 政府性文件中心

政府性文件中心是由政府拨款、为政府机关服务的非营利性文件管理机构。

三、档案工作的基本原则

《中华人民共和国档案法》规定："档案工作实行统一领导、分级管理的原则，维护档案的完整与安全，便于社会各方面的利用。"确立了档案工作的基本原则，主要有以下几个方面：

(一) 统一领导、分级管理

档案工作的组织原则和管理体制就是统一领导、分级管理，其具体内容主要包括以下几个方面：

1. 全国的档案工作由各级党委和政府统一领导，由各级档案行政管理机构分层负责监督与指导

其具体表现为：

◆ 在国家层面上，全国的档案事业由中共中央办公厅和国务院办公厅主管。

◆ 在地方,各省、市的档案工作由同级党委和政府统一领导。

◆ 机关、团体、企事业单位和其他组织的档案工作由各单位党政领导负责。

2. 实行党政档案和党政档案工作的统一管理

其具体做法为:

◆ 各单位内部党、政、工、团档案均由本单位档案室统一管理。其中具有长久保存价值的,按规定一起移交同级国家档案馆统一管理。

◆ 各级党组织和政府部门的档案工作由各级档案行政管理机构统一进行指导、监督与检查。

3. 国家全部档案由各级档案机构集中统一管理

其主要体现在:

◆ 机关、团体、企事业单位和其他组织在工作活动中形成的档案,都必须由本单位的档案机构集中保管,任何人不得据为己有。

◆ 其中,具有长远保存价值的档案,还应按规定移交同级国家档案馆统一管理,不得随意分散、转移和销毁。

(二)维护档案的完整与安全

维护档案的完整与安全,这既是档案实体管理的原则和档案管理的基本要求,也是档案工作者的重要使命,主要体现在:

1. 要维护档案的完整

档案的完整包括数量和质量两个方面,具体是指:

◆ 维护档案数量上的完整,就要将法律规定必须集中管理的档案全部移交档案部门,一份也不能少。

◆ 维护档案质量上的完整,就必须从完整反映事物发展过程的角度,尽最大可能维护档案文件之间的有机联系,切忌人为地造成档案文件的割裂与分散。

2. 要维护档案的安全

维护档案的安全包括信息和档案实体两个方面,具体体现在:

◆ 维护档案信息安全,就是要确保档案机密不被盗,不泄露,切实维护国家、机关、团体、企事业单位和公民个人的合法权益。

◆ 对档案实体而言,主要是防止档案遭到人为的和自然的损毁,并尽最大可能延长档案的使用寿命。

(三)便于社会各方面的利用

便于社会各方面的利用既是档案工作的根本目的,也是检验档案工作水平的主要标准,主要体现在:

◆ 一方面,档案利用实践是档案价值实现的最基本条件。

◆ 另一方面,档案利用工作也可以折射出一个单位档案工作的管理水平。

因此,档案管理的基础工作是开展档案利用工作的有力保障,利用工作则是全面提升档案管理水平的目的与动力。

◎ 本章小结

1. 档案是历史的记录,是社会的财富,档案工作的作用越来越重要。档案的范围非常广泛,档案的种类极其繁多,采用不同的标准,可以划分出各种各样的档案种类。

2. 档案具有凭证作用和参考作用。

3. 档案工作十分重要,档案工作的内容是收集、整理、鉴定、保管、统计、检索、利用、编研这八项工作。

4. 档案室和档案馆是国家档案工作的主要管理机构,要弄清它们的地位、作用和基本任务。

5. 要明确我国档案行政机构的基本职责和基本任务。

◎ 练习题

1. 档案的定义揭示了档案的哪些特征?
2. 档案分类的方法有哪些?
3. 档案的凭证价值是怎么形成的?
4. 档案的基本作用是什么?
5. 科技档案主要指哪几种档案?
6. 生活中,你曾经利用过哪些档案?
7. 试述档案工作的性质与内容。
8. 试论档案工作的原则及其含义。
9. 机关档案工作的基本职能是什么?
10. 档案工作的具体内容有哪八项?
11. 档案实体保管机构有哪几种?
12. 试述档案行政管理机构的性质与任务。
13. 新型档案机构与传统档案机构有哪些区别与联系?
14. 我国档案工作的管理机构是怎样的?
15. 档案馆和档案室的主要职责是什么?

◎ **课后阅读**

文件和档案对话

有一天，年轻的文件看见年老的档案，便说："喂，老头儿，你这么大的年纪，还有什么用，干嘛还不退休?"

档案有些生气地说："你嫌我老了？别忘了，我年轻的时候为人们办理公务并不比你差，你看，我身上记载着多少历史往事，说不定你没有我还办不下去呢?"

文件赌气地说："哼，我才不求教你这老头儿呢!"说完，被人送到办公室去了。

不一会儿，文件被一个人拿起来看了又看，这人慢慢皱起了眉头，把文件又放下了……过了好久好久再无人碰它。这下，文件可急了，忍耐不住地大叫起来，"喂！你们怎么还不批示、复文呀？赶快把我上报、下发呀!"那人愁眉苦脸地说："有一个历史问题还没搞清，不好批示、复文"。

文件垂头叹息："哎，真倒霉!"过了好久，有人送来一卷档案，文件一看，惊叫起来："这不是老头儿吗？你来干什么?"档案笑容满面，还不等它回答就被人拿在手中，那人看了一会儿，顿时眉开眼笑，连说："太好了！太好了！如果早知道你，就不会耽误这么久的工作了。"

不一会儿，附件写好了，那人立即在文件上写了批示，又把附件和文件封在一起发了出去。

文件拍了一下附件说："老弟，你身上写些什么东西?"附件说："写的是从档案那里查抄来的一个重大历史事件的详细情况，是帮助你解决问题的。"

文件恍然大悟：啊！想不到那老头儿的用处真不小啊！没有它的帮助，我还不知要在办公室里呆多长时间呢。

第二章　档案的收集与整理

有了档案，就需要投入人力、物力和财力对档案进行收集，对档案进行管理，就出现了档案的收集与整理工作。

第一节　档案收集工作

档案收集工作是一个单位档案室工作的起点和基础，是档案室积累和丰富本单位信息资源的主要手段，因而是一项极其重要的档案业务工作。

一、档案收集工作概述

(一)档案收集工作的含义

档案收集工作是按照党和国家的规定，通过一定的接收制度和征集措施，将分散在各单位和个人手中的档案，以及散失在社会上的零散档案，有计划地集中到各档案室和各级各类档案馆，实行集中管理的工作。

(二)档案收集工作的内容

档案收集工作主要分为机关档案室的收集工作和档案馆的收集工作。

1. 机关档案室的收集工作

(1)机关档案收集的必要性

收集现行机关的文件及档案是档案收集工作的重中之重。

因为这部分档案量最大，同时也是现行社会活动的主要领域，因此，对机关内各部门已办理完毕而在今后的工作中需要查考的文件，应及时收集。

(2)机关档案室收集的内容

机关档案收集的内容主要包括：

◆ 档案室对本单位文书部门和业务部门形成的具有保存价值的档案的接收；

◆ 档案室对与本单位业务工作有关资料的收集。

2. 档案馆的档案收集工作

档案馆的档案收集工作主要包括：

◆ 档案馆对现行机关具有长远保持价值档案的接收；

◆ 档案馆对分散在各地的历史档案和保存在个人手中的有重要保存价值的历史档案的征集与接收；

◆ 档案馆对撤销机关档案的接收；

◆ 档案馆之间档案的交换。

（三）档案收集工作的要求

在进行档案收集的过程中，我们要遵循以下要求：

1. 掌握档案发挥作用的规律性

档案收集工作既要注意及时收集，避免散失，又要防止过早将尚在使用的、未办理完毕的文件接收入库，影响形成部门的日常工作。

因此，要根据档案在不同阶段的不同作用，在适当的时候启动对归档文件材料的收集工作。

2. 提高档案的进馆质量

档案馆的档案都是先由各机关单位平时收集整理、立好卷，然后再移交到档案部门，在移交的过程中要注意档案的质量。

为了提高质量，档案馆的工作人员应做到：

◆ 首先，要走出档案馆或档案室，深入调查研究，随时了解各单位档案的形成情况，掌握档案的保管、使用情况，统筹安排档案进馆，避免遗漏。

◆ 其次，对散失在社会上的历史文件，要广泛调查，一旦发现线索，及时采取相应的收集方式进行收集。

◆ 同时，还要加强政策观念，妥善处理与各方面的关系。

3. 推进档案的标准化建设

所谓档案工作标准化，就是统一规范档案工作中的一些管理原则、馆藏技术和检索方法，提高档案从入馆到归档编目，到上架保存，再到开发利用和整个现代化的管理程度。

要做到档案的标准化建设，就要做到：

◆ 首先，应当从档案材料的形成开始，包括规范公文的格式、签署、印信、书写材料等。

◆ 其次，要规范文件的整理方法，包括组件或组卷，档案盒、文件（案卷）目录的制作与编目等，确保所接收档案的标准化与规范化。

总之，档案部门应在收集工作开始之前就主动介入文书、业务部门文件材料形成与管理的标准化建设，加强业务指导与监督。

4. 确保档案收集的完整与齐全

档案的完整，是指归档的每一份材料都完好无缺。档案的齐全，是指各种门类和载体的、具有查考价值的原始记录全部归档。

档案部门要通过贯彻执行接收征集制度，将应该由档案部门集中管理的档案及时、系统地接收入库，建立起数量充分、质量优化、门类齐全、结构合理的馆藏体系。

5. 大力丰富馆藏，坚持优化原则

档案馆是保存档案的基地，馆藏资源是档案馆地位、声望和实力的重要标志。但是，丰富馆藏并不是指档案越多越好，而是指有用的、珍贵的、高质量的档案越多越好。

因此，丰富馆藏要与坚持优化原则相结合，优化馆藏应该成为档案收集工作的主导思想。

6. 加强对档案馆（室）外文件形成与管理状况的调查和业务指导

档案部门在开展收集工作时，应注意做好文件材料形成和管理状况的调研，全面掌握各部门文件材料的形成、流动和保管情况，及时加以监督和指导，增强档案收集工作的针对性。具体要做到：

◆ 对于反映重大活动和重要事件的档案应派专人进行跟踪指导、及时接收进馆。

◆ 对重大基建项目档案应实施登记制度，从工程立项开始进行监督管理和业务指导，确保档案进库前的完整与安全。

（四）档案收集工作的意义

档案收集工作具有重要的意义，具体体现在：

1. 档案收集是集中统一管理的需要

档案工作基本原则的重要内容之一是对档案实行集中统一管理。根据这一思想，档案的收集工作是实现档案集中统一管理的需要，也是实现档案集中统一管理的具体措施。

2. 档案收集工作是档案工作的起点

从档案工作的业务流程来说，收集工作是档案业务工作的第一个环节，为档案整理、编目、鉴定、保管、统计和利用提供了物质保证。

因此，档案收集工作是档案工作最终目的得以实现的起点。

3. 档案收集是其他档案工作的基础和条件

档案收集工作的质量决定和影响着其他各环节的质量、收集得齐全，才能整理得合理；整理得合理才好保管，也才能更好地得到科学地利用。

可见，档案收集工作的质量直接关系到整个档案工作的质量。

4. 档案收集是积累历史文化财富的重要渠道

档案作为一个国家、组织或个人在社会实践活动中直接形成的各种真凭实据，是构成社会信息资源的重要组成部分。

通过收集工作，将记录实践活动的各种事实、数据、方法、经验和教训完整地保存下来，传递下去，使之成为国家、组织或家族的文化遗产，正是档案收集工作的意义和价值所在。

二、档案室的收集工作

立卷、归档是文书工作和档案工作相互衔接的一个环节，它既是文书工作的终止，又是档案工作的开始，一经立卷、归档，文件便转化为档案。

档案室的档案收集工作一般是通过文件归档工作完成的，各级档案室在形成文件与归档组织活动中起着十分重要的作用。档案室的收集工作主要体现在以下几个方面：

(一)做好档案室的文件立卷归档工作

档案室的归档工作主要是通过归档制度实现的。归档制度既是文件处理部门文件归档的重要依据,也是档案部门监督、指导、检查本单位文件材料归档工作的必要手段。

归档制度具体包括:归档范围,归档时间,归档文件(案卷)质量要求和归档手续等内容,下面分别介绍:

1. 归档范围

归档范围,即应由档案部门集中管理的档案的范围。国家档案局制定颁发的《文书档案保管期限表》规定,凡属记录、反映本单位工作活动、具有查考利用价值、各种形式和载体的文件材料都应归档。

(1)归档文件的范围

通常,根据文件材料的不同来源,将归档范围可分成以下四个部分:

① 上级机关的文件

上级机关的文件主要包括:

◆ 上级机关召开的需要贯彻执行的会议文件材料;

◆ 上级机关颁发的属于本单位主要业务活动并需贯彻执行的文件;

◆ 上级机关关于本单位请示的批复;

◆ 党和国家领导人、人民代表、上级机关领导、社会名人、国际友人视察、访问本单位时的重要讲话、题词、照片、录音、录像、礼品等材料等。

② 下级机关的文件

下级机关的文件主要包括:

◆ 下级机关报送的重要工作计划、总结、报告、典型材料、统计报表、财务预决算等;

◆ 直属单位报送的重要科技文件材料;下级机关报送的法规性备案文件等。

③ 同级机关的文件

同级机关的文件主要包括:

◆ 同级机关和非隶属机关颁发的非本单位主管业务但需要贯彻执行的法规性文件;

◆ 有关业务机关检查本单位工作时形成的重要文件;

◆ 同级机关与本单位联系、协商工作的重要来往文件等。

④ 本单位文件

本单位形成的文件是档案收集的重点,具体包括:

◆ 本单位的各类重要会议文件;

◆ 本单位颁发的各种具有保存价值的正式文件;

◆ 本单位党、政、工、团和内部机构在工作活动中形成的工作计划、总结、报告、典型材料、简报、统计资料等重要内部文件;

◆ 反映本单位历史沿革、组织机构、人员编制、财务收支、设备资产等基本情况及历史面貌的文件等。

(2)不归档文件材料的范围

不归档的文件材料主要有：

◆ 上级机关的普发性文件、任免非本单位人员的文件、供参考的抄送件以及用于征求意见的未定稿文件等。

◆ 下级机关不需要备案的文件以及仅供参阅的文件等。

◆ 同级机关和非隶属机关的不需要办理且无参考价值的文件等。

◆ 本单位的重份文件、无参考利用价值的事务性文件或临时性文件、未正式生效的文件、一般性文件的历次修改稿、铅印文件的历次校对稿和从正式文件上摘录的供参阅的非证明性文件、内容一般的群众来信等。

2. 归档时间

归档时间，是指文件形成部门将需要归档的文件向档案室或负责管理档案的有关人员移交的时间。

一般规定，文书档案应在文件形成后第二年的上半年向本单位档案部门移交。

3. 接收归档文件(案卷)的要求

归档文件的质量主要有以下要求：

◆ 文件(案卷)必须齐全、完整；

◆ 经过科学组件(卷)，能保持文件之间的历史联系；

◆ 不同保管期限的文件分别排列或组卷；

◆ 同一保管期限下的文件(案卷)按重要程度和历史联系系统排列；

◆ 规范拟写案卷题名，做到结构完整，简明确切；

◆ 以件为保管单位的文件应加盖件号章，并准确填写各栏目内容；

◆ 编制完整的文件(案卷)移交目录等。

4. 归档手续

归档过程中，要严格履行归档手续，具体体现在：

◆ 文书部门或业务部门向本单位档案室或档案管理人员移交档案时，应按要求编制移交目录一式三份。

◆ 交接双方根据移交目录清点核对，确认无误后，履行签字手续。

◆ 经签字的移交目录双方各执一份，作为文件材料归档的交接凭证。

(二)加强对归档案卷质量的检查

对文书处理部门已立好的案卷，机关档案室要进行必要的质量检查。检查工作的内容主要有：

◆ 应当立卷、归档的文件是否收集齐全，是否收集了本机关形成的所有文件；

◆ 是否都有保存价值；

◆ 还有没有遗漏的文件类型或文件载体；

◆ 归档案卷的内容能否反映机关的主要工作；

◆ 保管期限的划分是否准确；

◆ 案卷题名的拟制及其他管理性项目的填写是否科学；

◆ 案卷目录的编制是否符合标准等。

检查完成后，应针对存在的问题，提出加工、调整、修正的意见，切实保证归档案卷达到国家有关质量标准的要求。

三、档案馆的收集工作

根据国家有关规定，各机关、单位其有长久保存价值的档案必须移交给各级各类档案馆集中保存，由此形成了馆藏档案的主要来源，这主要包括在以下几个方面：

（一）现行机关的档案

政府机关、企事业单位及其他社会组织的现行文件是馆藏档案的重要来源，接收政府各有关部门抄送的属于政府信息公开的法律规章性文件和现行机关档案室移交的档案，是各级档案馆收集工作的主要任务。对现行机关档案的收集主要涉及到以下几个方面：

1. 档案馆接收档案的范围及期限

档案馆接收现行机关的档案主要包括：

（1）政府机关的现行文件

◆ 含义

政府机关的现行文件主要指应主动公开的政府信息，具体包括管理规范和发展计划、与公众密切相关的重大事项、公共资金使用与监督、政府机构设置和人事工作以及法律、法规、规章规定应当公开的其他政府信息。

◆ 期限

一般在各级政府机关向社会公开的同时，向同级档案馆送交。

（2）进馆档案

《中华人民共和国档案法实施办法》规定：

◆ 机关、团体、企业事业单位和其他组织，应当按照国家档案局关于档案移交的规定，定期向有关的国家档案馆移交档案；

◆ 属于中央级和省级、设区的市级国家档案馆接收范围的档案，立档单位应当自档案形成之日起满 20 年即向有关的国家档案馆移交；

◆ 属于县级国家档案馆接收范围的档案，立档单位应当自档案形成之日起满 10 年即向有关的县级国家档案馆移交；

◆ 经同级档案行政管理部门检查和同意，专业性较强或者需要保密的档案，可以延长向有关档案馆移交的期限；

◆ 已撤销单位的档案或者由于保管条件恶劣可能导致不安全或者严重损毁的档案，可以提前向有关档案馆移交。

2. 对现行机关档案的接收要求

在对现行机关档案进行接收的过程中，要遵循以下要求：

◆ 各级机关、单位应根据全宗原则和国家有关规定，保证本机关、单位档案的完整与安全。

◆ 现行机关移交档案时，必须根据移交目录，同接收档案的有关档案馆一起清点核对，并在交接文书上签字盖章，以明确交接双方的责任，保证进馆档案的完整、齐全。

◆ 各级机关、单位应按照鉴定档案的有关标准，科学划分档案的保管期限，并将其中具有长期或永久保存价值的档案，在本机关保存若干年后，向档案馆移交。

◆ 各单位在向档案馆移交档案的同时，要将和全宗有关的资料和检索工具，随同档案一起移交。

3. 档案馆接收档案的办法

接收现行机关档案的办法，主要有实时接收、定期接收和逐年接收三种，具体表现为：

◆ 实时接收

实时接收是指各级政府机关应在颁布政府公开信息的同时将有关的文件及时抄送各级各类国家档案馆。

◆ 定期接收

定期接收，就是现行机关每隔一段时期将所有已到进馆时间的档案向档案馆移交一次。

◆ 逐年接收

逐年接收，就是现行机关每年将已到进馆时间的档案向档案馆移交一次。

(二) 对历史档案的接收与征集

对历史档案的接收与征集主要就是指对中华人民共和国成立以前的历史档案资料的接收与征集。

收集历史档案，对于抢救重要的历史文化遗产、保护祖国优秀文化、丰富优化档案馆馆藏、满足党和国家当前与长远利用的需要具有特殊的意义。

1. 收集历史档案的内容

(1) 收集散存于一些国家机关、社会组织中的历史档案。

在这个过程中，档案馆要做到：

◆ 档案馆应按照国家规定，监督、指导有关单位尽快将这些档案移交各级各类国家档案馆进行统一管理。

◆ 要加强与各级党史征集部门、人民政协文史组织及其他学术研究部门的联系，及时将这些部门在工作中收集到的历史档案接收进馆。

(2)收集散失在国外的历史档案。

鸦片战争以来，我国的许多珍贵历史档案散失国外。近年来，随着我国同世界各国人民交往的增加，一些流失国外的档案原件或复制件已经重新回到了祖国的怀抱。

但是，仍有不少还散存在世界各国，因此，各级档案馆应在认真调查研究的基础上，继续采用多种方式进行收集与征集。

(3)征集收藏于个人手中的历史档案。

由于历史原因，我国的历史档案，有不少仍然散落在个人手中。我们要采用捐赠、购买、寄存、复制等多种征集方式，将散存于个人手中的历史档案收集进馆，已成为档案馆收集工作的当务之急。

实践证明，只要按党和国家的政策办事，措施得力，方法得当，坚持不懈，就可以将散失在民间个人手中的历史档案的原件或复制品，收集入馆。

(4)征集少数民族地区历史档案。

我国的少数民族有着悠久的历史，保存着许多具有民族特色的历史档案。其中不少档案产生年代久远，具有较高的史学文物价值。这些档案，通常是保存在寺庙、土司、头人及其他们后裔的手中。

档案馆要按照党的民族政策把这些反映少数民族地区特色的档案收集进馆，为研究少数民族地区的历史发展和民族文化积累丰富的馆藏。

2. 接收与征集历史档案的方法

目前，档案部门采取的收集历史档案的方法主要有以下几种：

(1)广泛宣传国家的征集政策

要充分利用各种现代传媒工具(如电台、电视台、报纸、杂志等)，播送或刊载征集档案的广告及文件，其宣传内容包括：

◆ 历史档案的价值、收集范围及方法；

◆ 收集历史档案的意义；

◆ 还应广泛宣传国家的征集政策，鼓励个人捐赠和实行有酬征集。

(2)发布通告

发布通告可以让整个社会了解收集历史档案的重要意义，收集档案的内容范围，取得广大群众的支持，从而掌握线索，接收和征集历史档案。

(3)调查研究

通过深入细致的工作，了解本地区范围内，历史上曾经设置过什么样的机关、团体、组织，曾出现过什么著名人物，以及这些组织及个人的详细情况。

在摸清情况的基础上，主动走访当事人及有关部门，有针对性地开展收集工作。

（三）档案馆之间交换的档案

档案馆之间的档案交换主要是基于以下原因进行的：

◆ 各地的档案馆或一些专门的档案馆对于出生于本地或在本地工作的历史名人的档案具有收藏的特殊意义，当这些档案资料由于某种原因被其他档案馆收藏时，为了突出档案馆的地方特色，可以相互进行档案交换。

◆ 由于行政区划变更和档案馆布局变化等因素的影响，使有关档案馆的档案收藏范围发生变化，因而产生某档案馆接收其他档案馆档案的情况。

◆ 由于各国文化交流活动的开展，通过交换或购买等方式，还会将一些收藏在外国档案馆中我国的历史档案（包括复制品）收集起来，丰富有关档案馆的馆藏。

（四）撤销机关的档案

1. 撤销机关档案的内容

中华人民共和国建国前后，出于政权变更、体制改革、行政区划调整等原因而被撤销、合并的机关、团体、企事业单位及其他社会组织的档案，在改革开放中被关、停、并、转的企事业单位的档案，以及在体制改革中被解散、撤销、并转的单位的档案，在大裁军中被裁减的建制部队机关的档案，均为撤销机关的档案。

2. 收集撤销机关档案的注意事项

在收集这部分档案的时候，常常存在收集不完整、整理不系统的情况，为了做好这方面的工作，档案馆应注意以下事项：

◆ 移交前，档案馆应督促撤销机关或接替并入机关组织人力按进馆要求整理档案，并向有关档案馆移交。

◆ 机关撤销后，其业务分别划归若干机关时，全部档案仍属于原机关，并应按全宗移交档案馆，或由一个机关集中代管，不得分散。

◆ 一个机关并入另一个机关，或若干机关合并为一个新机关，其档案应以原全宗为单位向档案馆移交，或由新机关暂为代管。

◆ 一个机关的部分业务或机构划归另一机关时，不得将其档案带入另一机关。如需查考，可以借阅或复制。

◆ 接管撤销机关职能的机关，如果需要利用撤销机关的档案，经档案行政管理机构同意，可暂时代管，等期满后再向档案馆移交。

◆ 对破产国有企业的档案，应按《档案法》和《企业破产法》的规定办理，将文书档案、财会档案、声像档案和不涉及企业技术秘密和权益的技术档案、资料等移交给同级国家档案馆。

◆ 机关撤销或合并时，如有尚未处理完毕的文件，应移交给有关机关继续处理，并作为受理机关的档案加以保存。

第二节　档案整理工作

一、档案整理工作概述

（一）档案整理工作的概念

档案整理，就是对处于零乱状态和需要进一步条理化的档案，进行基本的分类、组合、排列和编目，使之系统化，是档案馆（室）的主要业务工作之一。

档案管理的目的是要建立科学的档案实体管理秩序，使档案材料变无序为有序，化零乱为系统，方便档案信息的开发与利用。

（二）档案整理工作的内容

档案整理工作的内容主要包括以下几个方面：

1. 进行系统排列和编目

通常情况下，档案馆（室）内接收的是由单位办公文秘部门按照入馆（室）要求整理好而移交过来的案卷。

因此，一般情况下，不需要再对其进行整理，只是对案卷和全宗进行系统排列、案卷目录的编目等。

2. 进行局部调整

进行局部调整的情况一般为：

◆ 档案馆经常会遇到一些整理不合要求的档案。这时，对已经整理进馆（室）的档案中显然不符合整理要求，不便于保管、利用的部分，必须进行一定的局部调整和加工以提高质量。

◆ 另外，随着时间的推移，在某些特殊情况下，档案整理体系可能发生一些变化，也需要进行局部的调整和整理。

3. 进行全过程整理

由于一些特殊的原因，档案馆有时会接收或收集到一些具有保存价值，但又很零散的文件，这就需要对这些零散文件进行全过程地整理。

（三）档案整理工作的原则

档案整理工作的原则，具体表现在以下方面：

1. 保持档案之间的历史联系

（1）对档案之间历史联系的理解

档案之间的历史联系是指档案在产生和处理过程中所形成的固有联系。具体特征为：

◆ 这种联系不仅是真实存在的客观事实，而且对于档案的产生、处理以及其作用价值的实现具有决定性意义。

◆ 在整理工作中最大限度地保持档案之间的历史联系，使这种联系在档案的实体秩序状态中反映出来，可以充分体现档案的本质特性，使档案更好地实现其原始记录的价值与作用。

(2)保持档案之间的历史联系的内容

档案之间的历史联系，主要表现在文件的来源、内容、时间和形式等几个方面，具体体现在：

◆ 来源

档案在来源上的联系是档案之间的首要联系。档案是由特定的机关、团体或个人在工作活动中形成的。

同一单位或个人形成的档案，往往涉及同一领域的业务工作和相关的问题，构成了档案之间不可分割的历史联系。

◆ 时间

档案在时间上的联系是档案之间最广泛的联系。任何社会活动都是在特定的时间内进行的。保持档案在时间上的联系，可以完整反映社会活动的全过程，了解问题的来龙去脉。

◆ 内容

档案在内容方面的联系是档案之间最紧密的联系。档案的形成都是为了完成某些特定的任务，解决某些特定的问题。围绕一项工作、一起案件、一次运动、一个会议形成的文件，在内容上必然有着密切的联系。

◆ 形式

所谓形式上的联系是指档案的存在与表达方式，如文种、载体和记录方式等。

2. 充分尊重和利用原有的整理结果

遇到档案管理工作更换管理者的情况时，后来的管理者也应充分尊重和利用所接手管理档案的原有整理结果，不要随便推倒重来。

对已经过整理的档案，不论是历史档案，还是建国后形成的档案，只要有目可查、有规可循，就不要彻底打乱重整。遇有确实不便于保管和利用的，可在研究原整理原则的基础上进行适当调整。

3. 便于保管和利用

把档案整理好，不仅是为了便于档案的保管，更主要的是为了方便日后的检索、查询和利用。便于档案的保管和利用是档案整理工作的目的。

因此，在档案整理过程中，要从方便保管与利用的根本目的出发，寻求解决问题的办法。

二、档案整理的组织

搞好档案整理工作很重要的一点就是要对档案整理工作进行有效地组织，具体包括：

（一）高度重视文书处理部门的立卷、归档工作

文书部门对归档文件整理的质量如何，直接影响到档案部门的档案整理工作，因此，档案部门应当高度重视文书处理部门的立卷、归档工作，具体应做到：

◆ 各机关、单位的档案室要把档案整理工作的基本要求提前至文书立卷、归档工作中；

◆ 及时地对文件归档前的整理工作给予帮助和指导；

◆ 协助文书部门把好文书立卷、归档的每一个工作环节，确保归档案卷的质量。

（二）组织合理的分工队伍

为了提高整理工作的质量和效率，有必要对整理工作进行科学地组织、合理地分工，采用高效的方法，提高整理效率。人员分工主要有两种方法：

◆ 一种方法是由少数人包干整理一个全宗，各全宗整理工作同时进行；

◆ 另一种方法是组织所有参加整理的人员对全宗逐个地进行整理，开始时由少数人研究情况并制订工作方案，然后大家共同参加整理工作，最后再由少数人综合。

（三）优化档案整理的方案

要想提高档案整理的速度和水平，必须采用科学的整理方法，优化整理方案，使人力、物力、财力得到最合理的利用。具体应做到：

◆ 第一，要确立整理标准，提出明确要求，建立整理制度。

在进行档案整理的过程中，各档案室应将所确定的立档单位、分类方法、立卷标准、案卷目录的编制方法等有关要求和规定，纳入机关归档制度中，使文书处理部门有一个统一、明确的标准和规范，提高立卷、归档的质量，避免档案部门的重复整理工作。

◆ 第二，选择科学方法，采用最佳整理方式。

档案的整理工作一般分为系统整理和技术整理两种方式，具体表现为：

a. 档案的系统整理强调系统整理各环节之间的前后联系紧密，要求配备业务水平较高的人员，采用纵向分工方法，不宜采用流水作业法。

b. 档案的技术整理，是以工作内容为分工基础，其工作具有稳定性、技术性，要求配备技术熟练、书写能力较强的人员，宜采用流水作业法。

◎ 本章小结

1. 档案工作是从档案的收集开始的，档案的收集工作是档案整理工作的前提条件，必须依照高质量、标准化、全宗性、丰富、优化的原则，认真做好对机关档案的收集工作。

2. 做好档案室、档案馆的档案收集工作。

3. 重点掌握如何对现行机关、单位的档案进行接收和征集，如何对撤销机关的档案进行接收，如何对历史档案进行接收与征集。

4. 档案整理工作必须首先明确整理工作的原则、方法、要求。

◎ 练习题

1. 档案收集的内容主要有哪些?
2. 档案收集的要求和意义是什么?
3. 对历史档案的收集要把握一些什么原则?
4. 档案室的收集工作主要包括哪些内容?
5. 档案馆的收集工作主要包括哪些内容?
6. 试述归档制度的内容与作用。
7. 试论档案整理的内容和原则。

◎ 课后阅读

一次事故唤醒了档案意识

1982 年初的一天,某省工业设备安装公司技术科突然响起了急促的铃声:"喂喂!是省安装公司吗?我是省化工厅,你们负责安装的一个化肥厂两天前发生了严重的爆炸事故,造成了伤亡,请你公司火速派人到现场调查事故原因。"

这是一起罕见的事故,在全省数十个小化肥工程中还是第一次。但时值年关,职工都已回家与亲人们团聚去了,技术科只好派了一位老工程师前去现场了解情况。

该化肥厂始建于 70 年代初期,开始时在"一百天建成化肥厂"的口号下,进展神速,三个月后,安装的主体工程果然搞得差不多了,公司在那里开了现场会,总结经验,表彰鼓励。

社会上刮起反对"二月逆流"风后,生产施工顿时缓了下来,加上物资供应没有了保证,从扫尾到投产花了近两年的时间。人员调进调出,原始资料残缺不全。在投产后经过了几次大修,这次又是利用春节停产检修,但为了缩短检修工期,管道内物料未予排空,实行带压检修。

出事那天是一个难得的大晴天,4 个值班女工聚集在合成车间冷冻工段的门口,边晒太阳边聊天。一个女工站在一根沿地敷设的管子上,这是一根从煮油器去冷凝器的氨管,由于使用日久,支架松动,站在管上就好像荡秋千似的晃晃悠悠,很是惬意。突然之间,管道与设备接头之间骤然断裂,10 倍于大气压力的液氨喷射而出,急剧气化为令人窒息的氨气,一人侥幸逃出,三人均告罹难。

经现场察看,管道是由于经常被摇晃导致金属疲劳而折断的。在责任分析中,除了间接、直接的责任者外,安装单位必须回答下面三个问题:

◆ 第一,管路安装是否符合设计图纸?
◆ 第二,使用材质是否符合规范要求?
◆ 第三,投产之前是否都经过验收合格?这些当然都口说无凭,必须要有档案为证。

但在十年动乱期间，生产无秩序、管理无标准，规章制度全被废弃，资料档案更无人过问。负责该工程技术施工的是一位有着几十年经验的老技术员，只是凭着一个技术人员的责任感，在停停打打的生产过程中，在一个人兼管三个工地的情况下，根据当时仅有的条件，力所能及地积累了一大堆施工档案，可是就在工程结束后，当时分成三大块的管理机构没有一个愿意接收和保管这一大堆的“废纸”。老技术员珍惜自己的劳动，把它分成几捆带回，才免于流失。

数年过后，工程出了事故死了人，要分析责任，这一堆“废纸”也就成了“宝贝”。经过查阅档案，逐一得到查证：

◆ 第一，原设计安装时管路是架空敷设的，厂方在第一次大修时为了贪图方便将它改成了沿地敷设，这使管路频繁遭受冲撞摇晃，逐渐造成金属疲劳，埋下了事故的祸根。

◆ 第二，根据原先安装记录和事后的化验分析，材质完全符合规范要求。

◆ 第三，整个工程包括各车间以及分部分项工程都有完整的验收合格记录，并经建设单位技术人员签证，手续完备。

这一份份的原始记录排除了安装单位担负任何责任的可能性。

悲惨的事故，唤醒了该单位干部、职工的档案意识，他们认识到档案管理的混乱局面再也不能继续下去了。于是成立了专门的档案机构，所属各个企业都建立了档案室，基层部门有了专兼职档案人员。

《中华人民共和国档案法》的颁布实施，使各级领导更加重视档案工作，档案管理日趋规范化、现代化。遇到问题一般能做到让档案来说话，避免了许多无休止的扯皮。更重要的是，由于有了档案制度，明确无误地记录下每一项工程的技术责任，极大地增强了各级技术人员的责任心，督促他们做到精心施工，勤于检查，严格监督，尽量避免事故隐患。

第三章 档案的鉴定、保管与统计

档案的鉴定、保管与统计是档案管理过程中重要的环节，掌握关于档案的鉴定、保管与统计方面的知识是必要的。

第一节 档案鉴定工作

档案的价值是指档案对于社会的有用性。鉴定的目的就是按照国家规定的标准，甄别档案的价值，确定档案的保管期限，将有价值的、对社会有用的挑选出来好好保存，将没有价值的、对社会没有用的档案剔除出来予以销毁。

一、档案鉴定的意义、原则与标准

（一）档案鉴定的概念

档案的鉴定，广义上包括对档案真伪的鉴别和对档案价值的鉴定两个部分。档案馆（室）在业务工作中经常进行的是档案价值的鉴定。

档案价值鉴定任务包括档案的“存”与“毁”两个方面，具体体现在：

◆ 一方面，档案馆（室）要组织制定档案价值鉴定的标准性文件，确定文件材料的归档范围和保存时间，即所谓的“存”。

◆ 另一方面还要对经鉴定没有保存价值或失去保存价值的档案进行销毁，即所谓的“毁”。

因此，档案的鉴定是一项决定档案存毁的重要基础工作。

（二）档案鉴定的意义

对档案进行鉴定主要具有如下意义：

1. 档案鉴定有利于重要档案的完整与安全

其主要体现在：

◆ 能够将库存档案的层次和类别按价值大小、重要程度有所区别，这就使档案的管理工作有了高低主次、轻重缓急，有利于应付突然事件的发生。

◆ 如果一旦发生水火灾害、地震、泥石流、战争暴力等紧急情况，抢救工作就有了先后次序，就能够在极短的时间内使价值大和珍贵的档案迅速得到抢救与转移，从而更有利于档案的完整与安全。

2. 档案鉴定有利于避免资源的浪费

其主要体现在：

◆ 档案的鉴定工作，可以分清库存档案的价值，区别档案的性质和层次，最大限度地调度档案馆的人力、物力和财力。

◆ 同时,通过鉴定,把失去保存价值的档案及时地清除销毁,也避免了劣质档案对资源的占用,可以有效地避免资源浪费,提高档案管理工作的效率。

3. 档案鉴定有利于档案的查找利用

这主要体现在:

◆ 通过鉴定,可以对档案进行取舍,有用的档案才能发挥更大的作用。

◆ 开展档案的鉴定工作,可以有效地解决档案庞杂与效用的矛盾,促使档案在整体上处于较佳的管理状态,为档案的利用工作创造极其有利的条件。

(三)档案鉴定工作的原则

档案的鉴定工作是一项很细致、很复杂的工作,因此,在鉴定档案价值的工作中,要遵循以下几项原则:

1. 坚持从国家和人民的整体利益出发的原则

一切从国家和人民的整体利益出发,是鉴定工作的指导思想,也是档案价值鉴定的基本标准。

从事鉴定工作的人不能从自己的偏爱出发,更不能从自己的需要和利益出发,要从党和国家的高度去看待档案的价值。

因此,档案的鉴定必须从国家和人民的整体利益出发,深入分析研究档案的自身价值和社会需求,充分估计档案信息对整个社会发展所起的作用。

2. 坚持尊重历史的原则

任何一份档案都形成于一定的历史环境,是当时社会政治氛围和经济状况的客观记载,不可避免地会印上历史的印记。所以,鉴定档案,必须尊重历史,具体应做到:

◆ 把档案放到它所形成的历史环境中去,具体分析档案的内容和形式特点,考察档案文件之间的相互关系,预测潜在的利用需求,判定档案的价值。

◆ 对于历史上形成的某些内容不正确的文件,也应根据当时的历史条件加以分析考证,不可轻易销毁。

3. 坚持提高效益的原则

档案鉴定的结果,一方面要决定有价值的档案的保存期限,另一方面要对失去保存价值的档案销毁处理。因此,必然要考虑社会的保存能力和保存效益的问题。

坚持效益的观点就是要在分析档案价值的同时,考虑收益与付出的关系,要考虑档案的保存效益。

4. 坚持全面保存的原则

档案的作用是多方面的,因此,鉴定档案的标准也是多元的,我们要坚持全面的观点来鉴定档案的价值。坚持全面的观点体现在以下几个方面:

◆ 全面地预测社会对档案利用的需求；

◆ 全面地把握档案保管成本与效益的关系；

◆ 全面地判定档案的价值。

5. 坚持价值发展的原则

用发展的观点鉴定档案，就是要从事物变化、发展的角度预测档案的长远价值。具体应做到：

◆ 既要看到档案在现实生活中的作用，又要看到它在未来社会中的作用，坚持价值发展的原则，做好档案的鉴定工作。

◆ 对一些有争议或我们这代人难以解决的问题，也不要轻易下结论，要从对历史负责的高度，为后人留有余地。

（四）档案鉴定的标准

社会需要和档案自身的特点这两个方面构成了档案价值的鉴定标准，具体情况介绍如下：

1. 根据社会需求

档案的社会需求主要可以从以下几个方面去分析：

(1)社会需要的阶段性

档案鉴定工作内容之一就是要判断档案材料可利用时间的长短，并据此划分文件材料的保管期限，由此，我们可以看出档案文件在社会需要中具有一定的阶段性。

把握档案文件社会需要的时段性，并据此确定档案的保管期限是一项难度很高的工作，需要认真研究档案发挥作用的规律性，全面分析档案利用的各种情况，综合考虑社会各方面的需求。

(2)社会需要的广泛性

具有长久保存价值的档案应当是全社会的历史文化财富，应有较为广泛的利用人群。

因此，在决定档案取舍以及确定档案保管期限时，档案人员必须全面考察每份文件对社会各阶层的利用价值和潜在的社会、经济效益。

2. 根据档案自身的特点

档案自身的特点是决定其是否具有保存价值、有多大保存价值的基础，主要包括以下几个方面：

(1)档案的内容

档案内容是决定档案价值最重要、最本质的因素。这是因为人们利用档案是为了解档案所记载的事实、现象、数据、经验、教训等重要内容。

如果档案内容能够满足利用者的需求，档案就具有较高的保存价值。

(2)档案的完整程度

鉴定档案价值,还应考虑档案的完整性情况,主要应注意:

◆ 一方面要注意剔除内容重复、已有文件可替代的材料。

◆ 另一方面,要考虑适当延长某些可以从一个侧面反映全局情况的文件材料的保存时间,以弥补反映全局情况的材料收集不齐全的问题。

(3)档案的形成时间

档案的形成时间对档案价值的影响主要是看文件形成时间的远近和产生的历史时期。一般说来,只要文件内容和载体没有老化,产生时间越早的文件就越珍贵。

(4)档案的形式

档案的形式是指文件的名称、载体形态、记录方式等。在某种情况下,这些形式特征也会对档案的价值发生影响。文件的名称不同、作用不同、价值也不同。

例如,一般情况下,决定、决议、命令、指示、条例、纪要、报告等价值高于通知、简报、来往函件等。

二、档案鉴定的制度、程序与方法

(一)档案鉴定的制度

在档案鉴定的过程中,必须建立健全档案鉴定工作制度,让档案的鉴定和销毁工作有组织、有监督地进行。档案鉴定工作制度主要有以下几个方面的内容:

1. 坚决贯彻执行国家关于鉴定档案的标准性文件

档案鉴定工作必须遵循国家制定的关于鉴定档案的一系列标准性文件。

例如,国家档案局1987年颁发的《关于机关文书档案保管期限的规定》、《文书档案保管期限表》、《机关文件材料归档和不归档的范围》等。

这些法规性文件是指导档案鉴定工作的根本依据,为全国提供了档案鉴定工作的统一标准,各地区、各系统、各机关单位在鉴定档案价值时必须坚决贯彻执行。

2. 建立健全档案鉴定工作的组织机构

档案鉴定过程中,必须成立档案鉴定工作的组织机构,使档案价值的鉴定工作有组织、有领导地进行,具体表现在:

◆ 各单位的档案价值鉴定工作,应在单位分管负责人的领导下,由档案部门和有关业务部门的人员共同组成鉴定小组进行。

◆ 档案馆的价值鉴定工作,一般由该档案馆馆长、馆内有关业务人员和同级档案行政部门的代表组成鉴定委员会,必要时也临时邀请有关专家参与鉴定小组或鉴定委员会的工作。

3. 必须坚持销毁档案的批准和监销制度

(1)销毁档案必须坚持批准制度,具体体现在:

◆ 经过鉴定,对需要销毁的档案,应当编造档案销毁清册,办理批准手续。

◆ 各机关需要销毁档案,须经机关领导人批准。

◆ 档案馆需要销毁档案,须经主管领导机关批准。

◆ 如需销毁新中国成立前的历史档案,还须报国家档案局批准。

◆ 未经鉴定和批准,任何机关和个人不得销毁任何档案。

◆ 对于准备销毁但尚未批准的档案,或已经批准但尚未销毁的档案,必须单独保管好,不能让其流失、泄密。

(2)销毁档案必须坚持监销制度,具体体现在:

◆ 无论采取哪种销毁方式,至少应有两名监销人员。

◆ 销毁工作完成后,监销人员必须在销毁清册上注明"已销毁",签上日期、姓名,并要负责。

(二)档案鉴定的程序

档案鉴定工作的程序通常表现在以下两个阶段:

1. 文件归档阶段

文件归档阶段主要在机关文秘部门进行,此时又分两个过程,具体体现在:

◆ 一是在文件归档过程中,对文件进行"是否要保存"的鉴定,即鉴定文件是否属于归档范围,剔除没有保存价值的文件材料。

◆ 二是对列入归档范围的文件材料,根据其日后发挥作用的规律,对文件进行"存多久"的鉴定,即确定文件的保管期限。

2. 档案库藏阶段

档案库藏阶段是鉴定工作的第二阶段,又叫复审阶段,这一阶段的工作由各级档案馆工作人员实施,主要又分为两个过程,具体是:

(1)移交复审

这是在接收档案进馆时,由档案馆对各单位档案室所移交的档案进行的一次审查。主要是看保存期限是否合理,发现不当的,应当予以调整,这叫移交复审。

(2)到期复审

这是对短期和长期保存的档案在保存期满后由档案馆所进行的一次再审,是重新审查这些档案是否确实丧失了保存价值,具体体现为:

◆ 如确无保存价值,即按鉴定工作程序组织销毁;

◆ 如还有保存价值,则需要重新确定保管期限,并继续保存。

(三)档案鉴定的方法

1. 直接鉴定法

◆ 含义

直接鉴定法就是要求鉴定人员通过逐件、逐页地阅读档案内容来判定档案的价值。直接鉴定法是保证档案鉴定质量的重要方法。

◆ 作用

采用直接鉴定法鉴定档案,有以下作用:

◆ 通过直接、具体地审读档案,可以发现许多档案收集、整理中存在的问题,并可针对存在的问题对案卷作必要的调整。

◆ 在阅读档案内容的过程中,还会发现一些鲜为人知的重要档案,对档案信息的开发利用具有重要的促进作用。

2. 档案完整程度分析方法

档案是历史过程的记录,因此,档案的价值因素还包括档案的完整程度,可以通过档案的完整程度来分析档案的价值。

一般来说,只有反映一个单位、一个机关、一个事件的全过程的完整的档案才有更高的参考研究价值。

3. 文件内容分析方法

档案的价值主要是由档案本身的内容决定的,因此,分析档案中相关文件的具体内容是鉴定档案价值的一个最重要的方法。

4. 档案特征分析方法

档案特征是指档案的来源、时间、形式等特征,这是档案自身的特点和状况,它们同样决定了档案的保存价值。

分析档案的特征应该全面地分析档案的内容、形成时间、来源、名称、可靠程度、有效性、外形特点以及完整程度等。

第二节　档案保管工作

档案保管工作是指档案馆(室)对经整理入库的档案进行科学管理和安全防护的工作,是档案管理的重要环节之一。

一、档案保管工作的基本任务

(一)档案保管工作的概念

档案保管工作就是采用专门的技术手段和科学的管理措施,维护档案的完整与安全,最大限度地延长档案寿命的一项业务工作。

(二)档案保管工作的任务

1. 档案保管工作的基本任务

档案保管工作的基本任务就是了解和掌握档案的存在状况,分析研究档案损坏的原因和规律,采用专门的技术手段和科学的管理措施防止和减少档案的损毁,延长档案的寿命,以维护档案的完整和安全。

2. 档案保管工作的具体任务

其具体任务主要有：

◆ 掌握档案保管状况

就是通过日常性的管理和维护，对影响档案长久保管的不利环境进行监控，随时了解档案的数量、安全和损坏情况，并注意积累有关数据。

◆ 采取专门的技术手段和科学的管理措施，加强防范工作。

根据科学管理的要求、程序和标准，采取一系列有效措施、方法和步骤，抵御一切可能造成档案损毁的社会和自然方面的不利因素。

◆ 分析档案损坏的原因

在了解和掌握档案保管状况的基础上，分析档案保管中存在的问题，研究并找出档案损坏的原因和规律，为选择相应的技术和手段提供科学依据。

二、档案保管工作的内容

档案保管工作的内容具体介绍如下：

(一)档案保管的物质条件

在进行档案保管的工作中，需要具备一定的物质条件，主要有：

1. 库房

库房是存放档案的场所，也是档案保管最基本的物质条件，因此，应尽量按《档案馆建筑设计规范》的要求建立档案库房。同时，也必须注意以下几个基本问题：

◆ 库房必须专用，在办公大楼里，不宜将档案库房设在最底层或最高层，以防潮、防雨，更不能与办公室合用，不能同时存放其他物品；

◆ 档案库房应远离火源、水源和污染源，并符合防火、防水、防潮、防晒等基本要求；

◆ 不能在临时建筑中设置档案库房，档案库房必须是正规的坚固的建筑物。

2. 装具

档案装具是指用以存放档案的柜、架、箱子等基本装备。档案装具一般分为箱柜和架子两类，具体情况如下：

◆ 箱柜都是封闭式的，箱柜便于分类封存，如档案柜、文件柜、胶片柜、磁带箱、卡片箱等。

◆ 架子都是敞开式的，便于开放陈列，有单柱架、双柱固定架和各类档案密集架之分。

3. 包装材料

包装材料是指用于直接存放保护每一档案案卷的纸质或其他质地的包装物。其中，使用最多的是卷皮、卷盒之类，具体情况如下：

(1)卷皮

卷皮是封面与封底连为一体的半封闭式卷夹。国家标准《文书档案案卷格式》(GB 9705-88)规定,卷皮分硬卷皮和软卷皮两种。

◆ 硬卷皮尺寸为300 mm×220 mm或280 mm×210mm,厚度有10 mm、15 mm、20 mm三种;

◆ 软卷皮尺寸为297 mm×210 mm或260 mm×185 mm,且必须与卷盒同时使用。

(2)卷盒

卷盒则是全封闭式的盒子,其特征为:

◆ 卷盒的外形尺寸为300 mm×220 mm,厚度分别为30 mm、40 mm、50 mm三种规格。

◆ 为防止档案散落,卷盒要有绳带等扣紧装置。

4. 设备

档案保管设备是指那些具有"固定资产"性质的机械、器具、仪器、仪表等技术设备,它不包括库房、装具、包装材料,用于档案保管的技术设备种类很多。

例如,去湿机、加湿器、空调、通风设备,温湿度测量及控制设备,防盗、防火报警器、灭火器,装订机、复印机,缩微拍照设备及缩微品阅读复制设备,通信及闭路电视监控设备,消毒灭菌设备,以及档案进出库的推车、叉车等运送工具等。

(二)档案库房的管理

档案库房的管理是指在库房中进行的一切保存、管理工作,它是档案保管工作的基本保障。档案库房的管理主要包括以下几个方面:

1. 库房温度和湿度控制

(1)库房中的适宜温度和湿度

库房内的温、湿度直接影响档案的"自然寿命",实践证明:较为适宜的库房温度应为14~20℃;相对湿度应在50%~65%。

(2)调解库房温度和湿度的方法

控制和调节库房温、湿度的方法很多,主要有:

① 第一种方法的具体步骤为:

◆ 对库房进行严格封闭,隔绝库房内外温、湿度的相互交流;

◆ 然后在库房内采用空调或恒温、恒湿技术,将库房温、湿度人为地调控在适宜的温、湿度指标范围之内。

这种方法所需费用较高,目前并不是所有档案馆(室)都有能力做得到的。

② 第二种方法的具体做法为:

在库房难以做到完全封闭,也无法配置空调等设备的情况下,分别采用机械或自然的措施对库房温、湿度进行人工调控。主要有以下方法:

◆ 利用库房内外温、湿度的差别，打开门窗或采用排风、换气扇等设备进行自然通风，用库房外的自然温、湿度来改变、调节库房内的温、湿度，以达到或接近于适宜温、湿度指标；

◆ 使用增温、增湿或降温、降湿等机械设备进行调控，使原有温、湿度有所改变；

◆ 采用一些更为简便的人工方法来对库房温、湿度进行调整。

例如，在库房地面洒水、放置水盆等以增加湿度；在库房中或装具内放置木炭、生石灰、氯化钙、硅胶等物品以适当降湿。

2. 档案装具的编号与排放

(1)档案装具的编号

为便于日常管理工作，在档案库房较多的档案馆或档案室，应对所有库房进行统一编号，具体方法为：

库内装具的编号方式按保管机构或库房房间为单元进行，每一单元内的装具，从入口开始，按从外向里、从左到右的顺序依次编号，编号包括列号（排号）、柜架号、格层号（箱号），其号码采用阿拉伯数字。

(2)档案装具的排放

装具在库房中的排放方式，应注意：

◆ 应考虑方便管理和充分利用库房空间，不宜紧贴墙壁，一般是框架与靠窗墙垂直排放，不能紧贴靠近墙壁。

◆ 各列之间的距离不宜过宽或过窄，以能正常走动为宜。

3. 档案库的安全防范措施

档案保管工作的安全防范工作以防为主。要做到“八防”：防火、防水、防潮、防霉、防虫、防光、防尘、防盗。

只要这“八防”工作做到位了，就基本上防止了自然因素和人为因素对档案实体可能造成的破坏，能保障档案的基本安全。

4. 档案库房管理制度的制定和落实

档案库房的管理主要应遵循以下制度：

(1)库藏档案定期检查制度

这是定期或不定期地对档案进行检查的制度，是库房管理中一项经常性的重要工作，检查的内容主要包括：

◆ 档案实体是否有霉变、虫蛀现象；

◆ 库房中是否有潜在的危险隐患；

◆ 档案的调出和归还是否履行了严格的手续；

◆ 实体存放秩序是否受到破坏等。

(2)档案入库登记制度

档案入库登记是对新接收档案和平时出入库的档案进行的登记制度。为了保护档案安

全和进行档案管理,主要应做到:

◆ 一方面,凡是接收进来的新档案,必须进行登记,注明全宗名称、案卷数量和存放位置等;

◆ 另一方面,凡是进出库房的档案必须认真进行登记、签字,清楚什么人在什么时候调走什么档案,什么时候还的,还的时候要根据出库记录认真核对、检查。

(3)设备管理制度

设备管理制度是要求对库房中的所有设备进行登记造册,认真管理,合理使用的制度。具体应做到:

◆ 所有的档案管理设备都要做到专人管理、合理利用,在安置或搬动时都要轻拿轻放,不要损坏;

◆ 对于贵重的仪表、仪器设备更要按规程操作进行严格管理;

◆ 对于大型的通风机、加湿器、去湿机等设备要定时维护。

(4)人员进出库房登记制度

人员出入库登记制度是对进出库房的人员、进出方式、时间等进行登记的制度。在此过程中应做到:

◆ 一方面,对进出库房者必须进行登记;

◆ 另一方面,即便作了登记也还是要给予必要的限制,必须遵守档案馆的关于出入库的专门的规定。

(5)清洁卫生制度

档案库房的清洁卫生制度不同于普通办公环境,首先,标准要高于办公环境;其次,清洁工作的做法也不同于家庭或办公环境。

比如,扫地洒水的做法和拖把抹布的水分就要特别控制,除非库内湿度不达标,否则要严禁用水;另外,打扫时不能造成新的扬尘,不能用扫帚干扫,不是在特别通风的时候不能用鸡毛掸子,而要多用吸尘器;架柜只能用湿抹布擦拭,不能洒香水或空气清新剂之类的化学药物等等。

(三)档案使用中的保管

在档案的使用、开发、编研、利用过程中,要订立相应的规章制度,并注意做好以下环节,具体有:

1. 库房档案存放位置索引

(1)库房档案存放位置索引的概念

档案存放位置索引是一种记录性、引导性的管理工具。它是以表册或卡片形式将档案在库房及箱柜架子中存放秩序的情况如实地记录和反映出来,以此来方便档案工作人员对档案的调取、归还和其他日常管理。

(2)库房档案存放位置索引的方法

下面主要介绍以库房及装具为单位编制的索引方法,如表3-1所示。

表3-1 以库房及装具为单位编制的档案存放位置索引

楼			层				房间
柜架			存放档案				
(列)	柜架	层(格、箱)	全宗号	全宗名称	案卷目录号	案卷目录名称	起止卷号

档案存放位置索引的内容还可以简化制作成大型图表,悬挂在办公室或库房入口处的醒目位置,以方便使用。

2. 档案代理卡

(1)档案代理卡的概念

档案代理卡,是用来临时代替并占据被调出案卷位置的一种卡片,因此档案代理卡又称代卷卡,即预设若干空白的或印有确定栏目的卡片,每从库房中调出一个或一组卷号相连的案卷,就随手填写一张代理卡插放在所调出案卷的位置上,还卷时再将卡取下。

(2)档案代理卡的作用

代理卡实际上是案卷不在其位时的标识物,具体作用有:

◆ 只要调卷时认真填写,还卷时核对准确,就可以有效地防止放错位置,是一种行之有效的档案使用管理手段。

◆ 尤其是在档案利用频繁、出入库数量与次数较多的情况下,其效用更为明显。

◆ 案卷归还后被取下的代理卡还可作为分析、统计档案使用记录及规律的素材,具有登记工作的性质。

(3)档案代理卡的项目与格式

档案代理卡所设登记项目及格式,如表3-2所示。

表3-2 档案代理卡

全宗号	目录号	卷号	调出时间	调出原因	调卷人	归还时间	还卷人

3. 档案使用过程中的维护与保护制度

档案使用过程中,主要应遵循如下制度:

(1)档案使用过程中的限制制度

在档案馆查看档案,必须有一定的限制制度,具体表现为:

◆ 加强对利用行为的现场监督与检查;

◆ 档案的利用方式以现场阅览为基本方式;

◆ 对每次使用档案的数量、每批档案的使用时间也应有一定的限制;

◆ 未经允许不准使用者擅自拍照、抄录、复印；

◆ 不允许在使用档案时吸烟、喝水、吃食物，不允许在档案上勾画、涂抹、作记号，更不允许对档案有撕、损、剪贴等破坏性行为。

总之，使用者必须严格保证档案的完好无损，严格控制档案的阅读允许范围，对于有意无意的损毁行为都必须制定严格的惩罚规定。

(2)遵守档案使用登记与交接制度

档案无论因何种原因被使用，都必须对调卷、还卷及交接行为实行严格的登记与交接手续。

例如，档案被人借看调出库房要有出库登记，档案交还时要有清点、签收登记，做到时间准确、签字认真、责任分明。

(3)对重要档案的保护性措施

对重要及珍贵的档案应实施以下重点保护措施：

◆ 严格限制利用；

◆ 即使提供利用，一般也不提供原件，只提供缩微品或复印件；

◆ 利用中要格外加强监护，必要时可责成专人具体负责；

◆ 对重要档案的复制也应比一般档案有更严格的限制和保护性措施。

第三节　档案的登记与统计工作

档案登记与统计作为一种综合性管理手段，几乎涉及档案管理领域所有的重要事实与数据。它不仅登记、统计档案的数量、状况，而且还登记、统计档案管理工作活动的数量、状况，甚至还涉及档案工作机构、人员、经费、设备等所有相关情况。

因此，档案的登记工作与统计工作同时具有综合性、全面性的特性，二者关系极为密切。

一、档案的登记工作

(一)档案登记工作概念

档案登记是对档案的流动、变化状况及档案工作各环节进展情况，通过簿、册、表、单等形式加以记载，以揭示档案和档案工作变化过程的一项基础工作。

档案登记过程中所获得的数据是档案统计的原始资料。

(二)档案登记工作的内容

档案登记工作要求对档案管理活动中所有重要的事实和行为进行随时随地地记录。其内容总体上可分为档案状况登记和档案工作登记两部分。具体情况如下：

1. 档案状况登记

档案状况登记的具体形式(工具)主要有以下几种：

(1)案卷目录、卷内文件目录与归档文件整理目录

三种目录的具体情况如下：

◆ 案卷目录记录着每一个案卷的基本情况。

◆ 卷内文件目录记录着每一份档案文件的基本情况，见表 3-3 所示。

表 3-3　卷内文件目录表

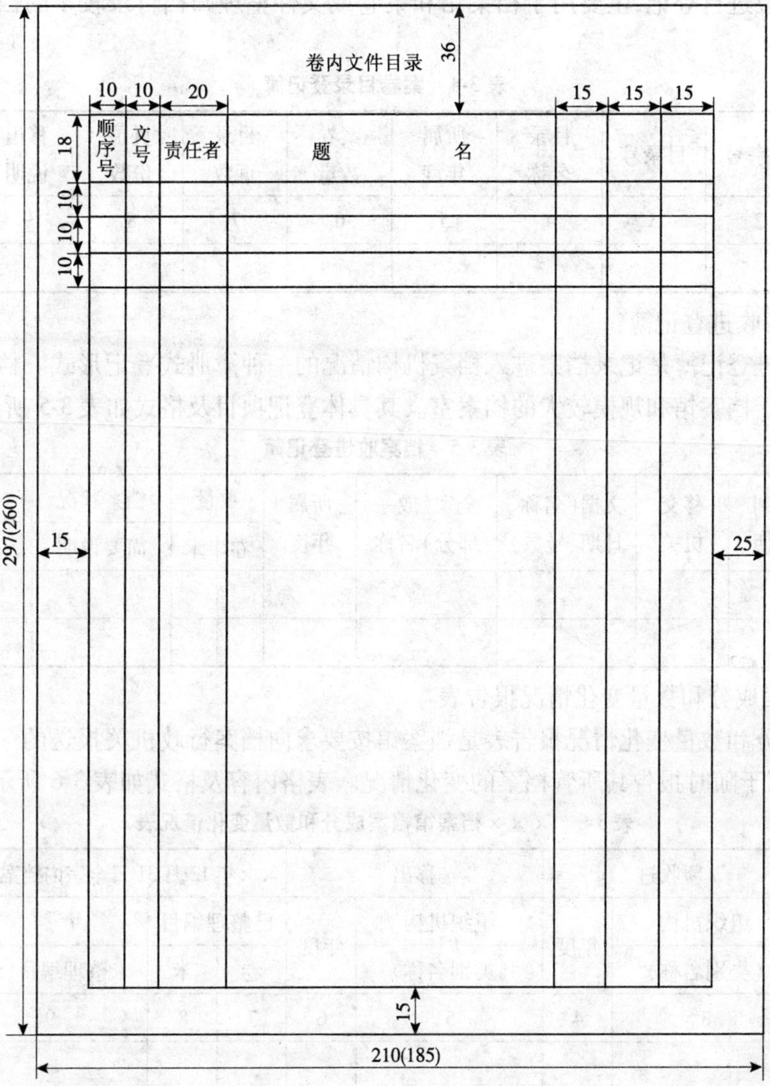

归档文件整理目录以每一份归档文件的“自然件”或“组件”为单位进行登记。

这三种目录是档案馆(室)最基本的登记形式,准确记载和反映了库藏档案的数量与状态,是进行库藏档案数量统计的基本工具。

(2)案卷目录登记簿

案卷目录登记簿,是对所有案卷或文件整理归档目录进行登记的一种登记形式,以案卷目录簿为单位进行登记,主要用于档案馆和案卷或文件整理归档目录较多的档案室。其样式见表3-4。

表3-4　案卷目录登记簿

顺序号	全宗号	目录号	目录名称	所属年度	案卷数量	目录页数	目录份数	移出说明	备注
1	2	3	4	5	6	7	8	9	10

(3)档案收进登记簿

档案收进登记簿是记录档案进入档案机构情况的一种簿册式登记形式。档案收进登记簿主要应用于档案馆和规模较大的档案室。其具体登记项目及格式如表3-5所示。

表3-5　档案收进登记簿

顺序号	收到日期	移交机关	文据(名称、日期、号数)	全宗(或一部分)名称	所属年度	数量		档案状况	全宗号	备注
						卷	米	简要说明		

(4)档案成分和数量变化情况报告表

档案成分和数量变化情况报告表是档案馆按要求向档案行政机关报送的一种变化情况登记表格,用于随时报告其所管档案的变化情况。表格内容及格式如表3-6所示。

表3-6　×××档案馆档案成分和数量变化情况表

全宗名	全宗名	新收进		移出		××年12月31日全宗内档案总数			备注
		组织机构(类别名称)	年度	组织机构(类别名称)	年度	已整理编目		未整理编目(米)	
						卷	米		
1	2	3	4	5	6	7	8	9	10

(5)总登记簿

总登记簿是档案室全面登记档案的收进、移出和实际库存量的一种登记表格。它能系统记录档案的进出时间及存在和去向。总登记簿主要应用于档案室，格式如表3-7所示。

表3-7　总登记簿

案卷目录号	案卷或归档文件整理目录名称（组织机构名称）	所属年度	案卷（文件）收入			案卷（文件）移出（或销毁）				目录中现有数量		备注
			收入日期	目录中之数量	实收数量	移出日期	移往何处	移出原因和文据	移出数量	卷（件）	米	

2. 档案利用情况登记

档案利用情况登记是指对档案工作过程中发生的一些重要情况和一些基本的工作行为、事实、数字进行的登记，以下是登记的一些形式。

（1）档案清点、检查登记

① 含义

档案馆（室）对档案要进行定期或不定期的清点和检查，在每次清点、检查完毕后，必须进行清点和检查登记，这种工作登记称为档案清点、检查登记。

② 内容

档案清点、检查登记的内容主要有：

◆ 清点、检查的日期、原因；

◆ 清点、检查过程中所发现的情况及问题；

◆ 清点、检查的结果（结论）；

◆ 从事清点、检查的工作人员等。

（2）档案出、入库登记

① 含义

这是档案的一种借阅登记，也是库房管理的一种具体手段。登记簿应放置在库房入口处或库房中的固定位置，无论谁，无论何种原因，只要档案从库房中被调出或者又归入库房时，均应进行登记。

② 内容

其具体的登记项目包括档案出库的日期、时间、档号及数量、原因、归入日期及时间、经手人等。

（3）档案利用登记簿

档案利用登记簿是一种全面、系统地记录档案利用情况的综合性登记。它既是档案机构记录、掌握档案利用情况的一种登记形式，同时又是档案机构向利用者提供档案时履行交接手续的一种交接凭据。其格式如表3-8所示。

表3-8 档案利用登记簿

借阅日期	案卷号及名称	借阅目的					复印张数	借阅单位		借阅人	归还日期	备注
		编史修志	行政事务	学术研究	生产及基建	其他		本单位	外单位			
合计												

(4)档案借出登记簿

档案借出登记簿是档案馆(室)用于登记档案借出情况的登记工具,也是借还档案的交接凭证。其样式见表3-9。

表3-9 档案借出登记簿

顺序号	借出日期	借阅单位(地点及电话号码)	利用目的	借出案卷						归还案卷		备注
				数量	全宗号	目录号	案卷号	借阅期限	借出人签字	日期	签字	
1	2	3	4	5	6	7	8	9	10	11	12	13

(5)利用者登记卡

为了掌握馆藏档案的社会利用情况,必须了解和分析利用者的年龄、性别、职业构成等基本情况,这也是一种主动的用户调研。

因此,每一位想利用档案的人初次到档案机构时,档案机构均要求其填写利用者登记卡,其登记内容和格式如表3-10所示。

表3-10 利用者登记卡

姓名:	性别:	年龄:	阅览证号:
工作单位:		职务:	
印鉴或签字:		填卡日期:	

(6)档案复制、摘抄登记

这是用于对档案在利用中被复制、摘抄情况进行的登记。这种登记一般应用于档案馆和规模较大的档案室。其具体登记内容及格式如表3-11所示。

表 3-11　档案复制、摘抄、申请、审批登记表

编号	利用者			拟复制、摘抄档案		份数	用途	审　批		日期	复制、摘抄人签名
	姓名	职务	工作单位	文件标题	档号			意见	审批人		
1	2	3	4	5	6	7	8	9	10	11	12

(7)档案利用效果登记单

◆ 含义

档案利用效果登记单是档案馆(室)对档案用户进行利用结果跟踪调查时所用的登记工具。

这种登记是对档案利用效果的一种信息反馈,对于档案机构调整、改进自己的工作具有重要意义。

◆ 内容

其登记项目主要包括:

◆ 利用者单位、姓名、联系方式;

◆ 利用档案目的;

◆ 所用档案档号及名称、利用效果(包括利用档案所取得的社会效益和经济效益等);

◆ 对档案利用工作的建议等。

二、档案的统计工作

(一)档案统计工作的概念

档案统计就是以表册、数字的形式,揭示档案和档案工作的有关情况,主要包括档案及其管理状况统计和档案事业的组织与管理状况统计等内容。

档案统计是档案管理工作的重要组成部分,它的基本任务就是对档案和档案工作的发展情况进行统计调查、统计分析,提供统计资料,实行统计监督。

总之,档案统计工作不仅是档案管理的重要环节,也是国家统计工作中不可分割的组成部分。

(二)档案统计工作的内容与体系

1. 档案统计工作的内容

档案统计的内容主要有以下两个方面:

◆ 对档案事业与管理状况的统计

即对档案机构、经费、设施、人员结构等情况的基本统计。

◆ 对档案实体状况及其管理的统计

即对档案的构成、收进、移出、整理、鉴定、保管、检索、编研和利用等情况进行统计。

2. 档案统计工作的体系

我国的档案统计工作的体系,主要可分成如下四个层次:

◆ 全国档案工作情况统计

由国家统计局批准,国家档案局组织实施。现已实行全国档案事业统计年报制度,并实行统一上报软盘,计算机汇总。

◆ 地方档案工作基本情况统计

主要由地方各级档案行政部门组织进行。

◆ 专业系统档案工作基本情况统计

主要由各专业主管机关组织进行。

◆ 档案馆和档案室工作情况统计

主要由各档案馆和档案室组织进行。

(三)档案统计工作的主要形式

档案统计工作的形式主要有两种:一种是基本情况统计,另一种是专门调查统计。

1. 基本情况统计

随着社会的发展,档案馆统计工作有了明显的发展,建立了档案馆统计工作制度,制定了一整套统一的档案馆基本情况统计报表。

表3-12为国家档案局制定的,经国家统计局批准的《全国档案事业统计年报》的“档基2表《档案馆基本情况年报》”。

表3-12 档案馆基本情况年报

年度

表 号:档基2表
制表机关:国家档案局
批准机关:国家统计局

填报单位: 单位代码:□□□ 批准文号:统社函[1991]296号

	行次	单位
一、定编	1	人
二、现有全部专职人员	2	人
其中:女性	3	人
三、现有全部专职人员情况	–	–

		行次	单位
年龄	50 岁以上	4	人
	35 ~ 50 岁	5	人
	35 岁以下	6	人
文化程度	研究生	7	人
	双学位	8	人
	大学本科	9	人
	大专	10	人
	中专	11	人
	高中	12	人
	初中及以下	13	人
档案专业程度	研究生	14	人
	大学本科	15	人
	大专	16	人
	中专	17	人
	职业高中	18	人
	在职培训教育	19	人
档案干部专业技术职务	研究馆员	20	人
	副研究馆员	21	人
	馆员	22	人
	助理馆员	23	人
	管理员	24	人
四、事业费		25	万元
五、馆藏全部档案			
全宗		26	个
案卷		27	卷
案卷排架长度		28	米
以件为保管单位档案		29	米
以件为保管单位档案排架长度		30	米

	行次	单位
未整理零散文件排架长度	31	米
录音、录像、影片档案	32	盘
照片档案	33	张
底图	34	张
缩微胶片	–	–
平片	35	张
开窗片	36	张
卷片	37	米
六、本年进馆档案	–	–
其中:1. 接收档案	–	–
案卷	38	卷
录音、录像、影片档案	39	盘
照片档案	40	张
底图	41	张
2. 征集档案	42	件
3. 接受捐献档案	43	件
4. 接受寄存档案	44	件
七、本年移出档案	45	卷
	46	件
八、本年销毁档案	47	卷
	48	件
九、馆藏档案的历史分册	–	–
其中:1. 新中国成立前档案	49	卷
	50	件
明清以前档案	51	件
明清档案	52	卷
	53	件

		行次	单位
民国档案		54	卷
		55	件
革命历史档案		56	卷
		57	件
2. 新中国成立后档案		58	卷
十、馆藏资料		59	册
十一、档案编目情况		–	–
案卷目录		60	本
全引目录		61	本
分类目录		62	本
簿式		63	本
专题目录	簿式	63	本
	卡片式	64	本
重要文件目录	簿式	65	本
	卡片式	66	张
十二、开放档案情况		–	–
其中:1. 新中国成立前档案		–	–
全宗		67	个
案卷		68	卷
以件为保管单位档案		69	件
2. 新中国成立后档案			–
全宗		70	个
案卷		71	卷
3. 开放档案目录		72	条
十三、本年利用档案人次		73	人次
其中:1. 台、港、澳同胞		74	人次
2. 华侨		75	人次
3. 外国人		76	人次

	行次	单位
十四、本年利用档案	77	卷次
	78	件次
其中:1. 利用档案所属时间	–	–
新中国成立前档案	79	卷次
	80	件次
新中国成立后档案	81	卷次
2. 利用档案的目的	–	–
编史修志	82	卷次
	83	件次
工作考察	84	卷次
	85	件次
学术研究	86	卷次
	87	件次
经济建设	88	卷次
	89	件次
其他	90	卷次
	91	件次
十五、本年利用资料人次	92	人次
十六、本年利用资料	93	册次
十七、本年复制档案、资料	94	页
十八、本年编研档案资料	–	–
其中:1. 公开出版	95	种
	96	万字
2. 内部参考	97	种
	98	万字
十九、国家重点档案抢救情况	–	–
其中:1. 应抢救档案总数	99	卷
2. 已抢救档案总数	100	卷

		行次	单位
其中：本年度抢救档案数量		101	卷
二十、档案馆总建筑面积		102	平方米
其中：1. 档案库房建筑面积		103	平方米
2. 档案后库建筑面积		104	平方米
二十一、馆内设备		–	–
其中：1. 缩微设备		–	–
缩微摄影机		105	台
冲洗机		106	台
拷贝机		107	台
阅读机		108	台
阅读复印机		109	台
2. 电子计算机		–	–
中型机	主机	110	台
	终端	111	台
小型机	主机	112	台
	终端	113	台
微机		114	台
3. 复印机		115	台
4. 空调机		–	–
集中式		116	台
分散式		117	台
5. 去湿机		118	台

单位负责人：　　　　　　　制表人：　　　　实际报出日期：　　年　月　日

备注：

档基 2 表指标解释：

(1)本表由各级各类档案馆填写。

(2)档案局、馆合署办公的，填报方法见档基 1 表指标解释 2(本教材档基 1 表、档基 3 表略)。

(3)机关、团体、企事业等单位档案馆和档案室合一的，应同时填报档基 2 表、档基 3 表，人员按编制分别填入本表和档基 3 表，如果没有明确编制，人员按实际分工填入本表和档基 3 表。

(4)第 2 行 = 第 4 行 + 第 5 行 + 第 6 行 = 第 7 行 + 第 8 行 + … + 第 13 行

(5)第 25 行“事业费”仅限各级国家综合档案馆填报。“事业费”指各级国家综合档案馆本年度除工资以外的档案专业业务费,包括档案、资料征购费,档案整理、编纂、保护、修复等费用,档案陈列展览费用,设备购置费,干部培训费及其他费用等。

(6)第 26 ~ 37 行“馆藏全部档案”中,包括第 38 ~ 44 行“本年进馆档案”的数量。

(7)“本年移出档案”指根据档案馆保管范围等有关规定,为调整馆藏结构,移交给其他档案馆保管的档案。

(8)第 26 行 = 第 67 行 + 第 70 行

第 27 行≥第 68 行 + 第 71 行

第 49 行 = 第 52 行 + 第 54 行 + 第 56 行

第 50 行 = 第 51 行 + 第 53 行 + 第 55 行 + 第 57 行

(9)第 59 ~ 72 行均为截至填报年度的累计数字。

(10)第 72 行“开放档案目录”,指为已开放档案编制的、供利用者自行检索的开放性检索工具。

(11)第 77 行 = 第 79 行 + 第 81 行 = 第 82 行 + 第 84 行 + 第 86 行 + 第 88 行 + 第 90 行

第 78 行≥第 80 行

第 78 行 = 第 83 行 + 第 85 行 + 第 87 行 + 第 89 行 + 第 91 行

(12)“国家重点档案抢救情况”仅限各级国家综合档案馆填报。

2. 专门调查统计

根据特殊需要,制发专门表格,单独对某一方面的工作和情况进行调查统计,就是专门调查统计。

这种专门调查统计范围较广,选题和调查项目应根据工作的需要具体确定,主要有以下几种形式:

(1)某一特定档案馆全部档案材料现有数量和状况统计,如表 3-13 所示。

表 3-13　档案数量与状况统计

时期	现有档案数量			档案整理情况						档案鉴定状况						
				已整理编目			未整理编目			已鉴定				未鉴定		
	全案	宗卷	长度	全案	宗卷	长度	全案	宗卷	长度	全案	宗卷数		长度	全案	宗卷	长度
	数	数	米	数	数	米	数	数	米	数	永久	长期	米	数	数	米
1	2	3	4	5	6	7	8	9	10	11	12	13	14	15	16	17
新中国成立后档案																
革命历史档案																
民国档案																
清代以前档案																
总　计																

(2)某省各级档案馆馆藏量统计,如表3-14所示。

表3-14　××省各市、县级档案馆馆藏量统计表

档案馆名称	馆藏档案数量(卷)
××市档案馆	218 960
××市档案馆	189 450
××县档案馆	95 620
合计	504 030

(3)各种类型档案被各机关、各项工作利用的情况统计,如表3-15所示。

表3-15　档案利用统计表

时　期	利用单位数					被利用档案数												
		本	外	利	利	各项工作利用案卷数												
	小计	利用	利用	人数	人次	小计	外使用	内利用	小计	机关工作	工业	农业	交通	基本建设	科学技术	文化教育	历史研究	其它
1		3	4	5	6	7	8	9	10	11	12	13	14	15	16	17	18	19
新中国成立后档案																		
革命历史档案																		
民国档案																		
清代以前档案																		
总　计																		

(四)档案统计工作的步骤

进行档案统计工作,主要有以下几个步骤:

1.进行档案统计调查

档案统计调查的基本任务是通过广泛的调查,收集有关档案和档案工作的原始数据和经过加工的档案工作数据资料。

档案统计调查主要通过以下两种方式进行,具体情况如下:

(1)统计表报制度

统计表报制度是下级档案部门按照统一的规定,以报表的形式定期向上级机关报送统计数字的一种制度,是档案统计调查中最基本、最经常的一种工作方式。

以下为国家档案局制定的《档案室基本情况年报》样式,见表3-16所示。

表 3-16　档案室基本情况年报

表　　号:档基3表

19　年度

制表机关:国家档案局

批准机关:国家统计局

填报单位:　　　　　单位类别代码:□□□　　　　　批准文号:统社字[1991]296号

			行次	单位	
一、机构数			1	个	
其中:1. 档案处(科)			2	个	
2. 档案室			3	个	
二、定编			4	人	
三、现有全部专职人员			5	人	
其中:女性			6	人	
四、现有全部专职人员情况					
	年龄	50岁以上	7	人	
		35-50岁	8	人	
		35岁以下	9	人	
	文化程度	研究生	10	人	
		双学位	11	人	
		大学本科	12	人	
		大专	13	人	
		中专	14	人	
		高中	15	人	
		初中及以下	16	人	
	档案专业程度	研究生	17	人	
		大学本科	18	人	
		大专	19	人	
		中专	20	人	
		职业高中	21	人	
		在职培训教育	22	人	
	档案干部专业技术职务	研究馆员	23	人	
		副研究馆员	24	人	
		馆员	25	人	
		助理馆员	26	人	
		管理员	27	人	
五、兼职人员			28	人	
六、室存全部档案					

		行次	单位	
	全宗	29	个	
	案卷	30	卷	
	案卷排架长度	31	米	
	以件为保管单位档案	32	件	
	以件为保管单位档案排架长度	33	米	
	录音、录像、影片档案	34	盘	
	照片档案	35	张	
	底片	36	张	
	缩微胶片	–	–	
	平片	37	张	
	开窗片	38	张	
	卷片	39	米	
七、室存永久、长期档案		40	卷	
		41	件	
其中:永久保管		42	卷	
		43	件	
八、本年接收档案				
	案卷	44	卷	
	以件为保管单位档案	45	件	
	录音、录像、影片档案	46	盘	
	照片档案	47	张	
	底图	48	张	
九、本年移交进馆档案				
	案卷	49	卷	
	录音、录像、影片 档案	50	盘	
	照片档案	51	张	
	底图	52	张	
十、室存档案的历史分期		53	卷	
	其中:1. 建国前档案	54	件	
	明清以前档案	55	卷	
	明清档案	56	卷	
		57	件	
	民国档案	58	卷	
		59	件	
	革命历史档案	60	卷	
		61	件	

			行次	单位	
2. 建国后档案			62	卷	
			63	件	
十一、室存资料			64	册	
十二、档案编目情况					
	案卷目录		65	本	
	全引目录		66	本	
	分类目录		67	条	
	专题目录	簿式	68	本	
		卡片式	69	张	
	重要文件目录	簿式	70	本	
		卡片式	71	张	
十三、本年利用档案人次			72	人次	
十四、本年利用档案人次			73	卷次	
			74	件次	
	其中:1. 利用档案所属				
	建国前档案		75	卷次	
			76	件次	
	建国后档案		77	卷次	
			78	件次	
	2. 利用档案的目的				
	编史修志		79	卷次	
			80	件次	
	工作参考		81	卷次	
			82	件次	
	学术研究		83	卷次	
			84	件次	
	工作参考		81	卷次	
			82	件次	
	学术研究		83	卷次	
			84	件次	
	经济建设		85	卷次	
			86	件次	
	其他		87	卷次	
			88	件次	
十五、本年利用资料人次			89	人次	
十六、本年利用资料			90	册次	
十七、本年复制档案、资料			91	页	

		行次	单位	
十八、本年编研档案资料				
其中:1. 公开出版		92	种	
		93	万字	
2. 内部参考		94	种	
		95	万字	
十九、档案室总建筑面积		96	平方米	
其中:档案库房建筑面积		97	平方米	
二十、档案室设备				
其中:1. 电子计算机	微 机	98	台	
	终端	99	台	
2. 复印机		100	台	
3. 空调机（分散式）		101	台	
4. 去湿机		102	台	

单位负责人:　　　　　　　　　　制表人:　　　　　　实际报出日期:　　年　月　日

备注:　　　　　　　　　　　　　电话:

(2)专门调查

◆ 含义

专门调查是因某方面工作需要,专门组织的统计调查活动,是统计表报制度的补充形式。

例如,对上海地区各级各类档案馆(室)馆藏档案数字化现状的调查等,就属于专门调查。

◆ 作用

专门调查,可以帮助档案主管部门掌握档案统计年报中没有的数据,满足某些专门工作的数据需求,比较灵活。

◆ 局限性

专门调查应有明确的目的,不能搞得过多,以免给实际工作部门带来额外的工作压力。

2. 进行档案统计资料的整理

统计调查所获取的统计数据是原始的、分散的,必须经过整理才能系统反映档案工作的客观现象。整理的过程如下:

◆ 整理主要通过对档案统计资料进行统计分组的方式进行。

◆ 分组,可增强同类机构之间的可比性,准确反映各级各类档案机构的工作现状,得出科学的结论。

◆ 档案统计资料的整理结果应填写在档案统计表中,以便清晰地反映通过统计调查所获得的相关数据。

3. 进行档案统计资料的分析

进行档案统计资料的分析是档案统计工作的最后一个步骤。

开展档案统计工作的目的是为了发现档案工作中存在的问题以及具有典型意义的经验和教训,以便进一步提高档案科学管理水平。

(五)档案统计工作的作用和意义

档案统计工作的作用和意义主要体现在如下几个方面:

1. 做好档案统计工作,是档案管理的客观需要

档案管理的对象是数以百计、千计的档案,没有科学的统计工作,就不可能管好、用好档案。

2. 档案统计工作是对档案室工作实行监督管理的有效方法

作为一项重要的基础性工作,档案统计工作是帮助各级档案行政管理部门对下指导,履行监督职能的工具。

3. 档案统计工作是加强档案事业宏观管理的一项重要手段

国家各级档案管理部门要了解、掌握档案的形成、管理、提供利用的状况,分析档案事业的历史和现状,预测档案事业的发展趋势,制定有关档案工作的方针、政策和计划,都需要档案统计工作提供大量的、准确的、可靠的信息和数据。

总之,档案统计工作在国家管理中发挥重要的作用。

◎ **本章小结**

1. 档案鉴定工作是甄别档案的价值、确定档案的保管期限、保存确有价值的档案、销毁毫无价值的档案。

2. 档案鉴定工作要坚持全面保存的原则、要坚持尊重历史的原则、要坚持价值发展的原则、要坚持提高效益的原则。

3. 档案的价值决定于自身的状况和社会的需要,鉴定档案的价值也要分析档案的内容和来源、时间、形式以及文件的完整程度。

4. 我国的档案鉴定工作是有制度可循的,要坚决执行国家的档案鉴定标准,坚持档案的销毁制度,按程序、有组织地做好档案的鉴定保管工作。

5. 要做好档案的保管工作,必须在库房、装具、设备、卷皮、卷盒等方方面面认真负责。

6. 健全档案库的管理制度,做好库房的温度、湿度控制,加强安全措施,做到"八防",做好装具的摆放、编号,做好档案的存放位置索引。

7. 档案登记是对档案的流动、变化状况及档案工作各环节进展情况,通过簿、册、表、单等形式加以记载,以揭示档案和档案工作变化过程的一项基础工作。

8. 档案登记工作的内容主要包括档案状况登记和档案利用状况登记。

9. 档案统计是档案管理工作的重要组成部分，它的基本任务就是对档案和档案工作的发展情况进行统计调查、统计分析，提供统计资料，实行统计监督。

10. 档案统计工作的形式主要有两种：一种是基本情况统计，另一种是专门调查统计。

◎ **练习题**

1. 试述档案价值鉴定的原则和标准。
2. 怎样鉴定和判断档案的价值？
3. 试述档案保管的内容与任务。
4. 档案安全保护工作中的"八防"措施指什么？
5. 怎样做好库房装具的摆放与编号工作？
6. 什么是档案代理卡？它有什么作用？
7. 应如何确保档案实体的安全？
8. 档案室的档案登记形式有哪几种？
9. 档案室的统计年报主要包含哪些内容？

◎ **课后阅读**

一个深受科技人员欢迎的技术档案室

湖南省株洲市自来水公司技术档案室不大，库存资料亦不算太多，但是，公司科技人员都很喜欢这个小小的档案室，因为它已成为公司日常工作中不可缺少的一部分。

◆ 第一，手续简化，方便利用。

到档案室查阅技术档案资料，经档案员同意，登记后即可查阅，一般只需二至三分钟就可以调阅到各种所需资料，非常方便。

◆ 第二，管理科学，促进生产。

为了提高资料使用率，技术档案员将一些长期库存的基础资料，经过分门别类，科学整理，结合本企业生产的特点，采用了258个表式，汇编了96 800多个数据，编成10种企业管理手册，即生产管理手册、水质管理手册、财务管理手册、材料消耗管理手册、劳动工资管理手册、运输管理手册、同行业指标对比手册、生产进度统计手册、经济指标统计手册和产量日进度手册；还绘制了供水能力、自来水生产、供水管道、资金积累、基建投资、产值、利润、成本、水质、消耗、劳动生产率等统计挂图，基本上实现了库房管理整洁化，档案整理系统化，案卷装订标准化，生产进度图表化，历史数据手册化。

这就使企业生产增长情况和本企业各项经济指标在全国同行业内的排列次序，一目了然。而且在制定计划指标时有所依据，制定赶超规划时有目标，人人心中有数，对生产有较大的促进。

在二水厂净化设备改造工作中，档案室为生产科研提供了两篇很有技术价值的参考资料，一篇是上海自来水公司平流沉淀池改造经验，另一篇是中南地区平流沉淀池设计参考采用意见，解决了混凝输入功率、有效池深、雷诺数、佛罗指数等七项设计参数。

◆ 第三，及时提供技术情报交流和资料交流。

档案室和全国 217 个单位，包括专业对口的大专院校、设计院、科研所以及同行业自来水公司签订了资料交流协作卡。公司科技人员从资料中获悉重庆自来水公司研制缓闭阀（一种新型阀门）的消息，在他们研制的基础上，结合本公司的具体情况，进行修改，试制成功适合本公司使用的 4 500 厘米缓闭阀，并正式投产使用，不仅促进了安全生产，同时节约了投资费用，受到了同行业的好评。

小小技术档案室只有两位同志，需负责技术档案管理、对外交流资料、技术书刊借阅工作，还担负全公司的计划统计工作和下达各项零星加工生产任务，工作是比较繁重的。但是他们只要是工作需要，借阅资料不分白天晚上，随唤随到。

在建设三水厂工作中，为了证实湘江河床变迁情况，需要一份早期湘江河床白石港一带地形图进行核实。当时公司科技人员几乎找遍全省有关部门，都没有找到。最后在档案室同志帮助下，找到了中华人民共和国成立初期株洲修建防洪堤时保存下来的一幅河床地形图，使问题得到了解决。

他们就是这样兢兢业业，热爱自己的本职工作。1979 年 1 至 7 月，档案室接待各地来访座谈技术资料管理工作经验的就有 38 批，423 人次。

公司的科技人员都赞扬技术档案室是“科技工佳者之家”、“我们的好后勤”。

第四章　档案的检索、利用与编研

第一节　档案检索工作

档案检索工作是指为促进档案信息的开发利用,采取科学的手段,建立档案检索体系和利用检索体系为利用者提供档案信息查询服务。

一、档案检索工作概述

(一)档案检索的概念

档案检索就是把档案的内容和特征,存储在各种检索工具中,满足档案利用者的需要,快捷、准确地把档案查找出来的一种引导工作。

档案检索是开展档案利用、开发档案信息资源、充分发挥档案作用的必要手段。

(二)档案检索的内容

档案检索工作包括两方面的内容:一是编制档案检索工具,建立检索系统;二是利用这套检索工具为档案使用者提供查找检索服务,具体情况是:

1. 建立档案检索体系

这部分内容需要对档案的特征进行描述与标识,需要将每个文件或每个案卷变成一条具有关键词的记录或一个条目。然后对这些记录和条目进行系统整理、科学排序,形成不同的档案检索工具。具体分为两个方面的工作:

◆ 著录标引

即在编制档案检索工具时,对档案的内容和形式特征进行分析、选择和记录,并借助检索语言(如分类号、主题词等)将档案主题转换成规范化的检索标识的过程。

◆ 建立档案检索工具体系

即按不同的检索标识对著录标引后形成的档案条目进行系统排列,形成不同类型的档案检索工具。

2. 档案信息查询服务

这部分的内容是利用各种工具为档案利用者提供各种查询服务,需要迅速、准确地检索出所需要的档案。具体也包括两个方面的工作:

◆ 接受查询

即根据利用者的要求,制定检索策略,确定查找范围。

◆ 查询服务

即根据检索策略,综合运用档案检索工具,找出利用者所需要的档案。

(三)档案检索的意义

档案检索工作具有重要的意义,具体体现在:

1. 检索是档案业务工作的一个重要学科

在档案管理信息化的今天,检索工作越来越成为一门重要的学科。它具体解决如下的几个问题:

◆ 如何在网络上让更多的用户快速方便地获得需要的信息;

◆ 如何使档案信息让更多的人同时共享;

◆ 如何在海量用户检索共享时不会出现信息堵塞;

◆ 如何做好网络信息检索和共享使用中的安全控制;

◆ 如何防止黑客对检索系统的恶意攻击等等。

2. 检索是档案利用工作的关键

检索工作在档案使用管理工作中占有相当重要的地位。

各级档案馆(室)在开展利用工作之前,必须先花大量人力、物力,认真做好档案检索工具的制作,备好各种检索工具和检索手段,这是档案开发利用工作的关键。

3. 检索是档案馆利用工作水平的标志

能否及时、快捷、准确、系统地为用户提供所需要的档案是衡量档案馆工作的重要标准。

档案检索工作是档案馆把死资料变成活资料的关键,是档案开发利用工作的前提条件,也是档案利用工作好坏的一个标志。

二、档案检索工具

档案检索工具,是帮助客户迅速找到所需档案的工具,是档案馆为用户提供档案利用的手段。

(一)档案检索工具的分类

根据不同的标准,档案的检索工具会有不同的分类。常见的档案检索工具分类方法主要有以下几种:

1. 按载体形式划分

按载体形式划分,档案检索工具可分为卡片式、书本式、机读式和缩微式这四种。

(1)卡片式检索工具

◆ 含义

卡片式检索工具是将一个条目著录于一张卡片上,将卡片按一定顺序排列而成的检索工具。

◆ 特点

其特点是:方便灵活,可根据需要修改和增删。但由于卡片数量较多,所以体积较大,不便携带与交流,容易混乱、丢失。

(2)书本式检索工具

◆ 含义

书本式检索工具是将著录的条目按一定顺序排列后装订成册的检索工具。

◆ 特点

其特点是:体积小,便于管理、携带与交流;编排内容紧凑,便于翻阅;成本较低。但不够灵活,不便修改和增删。

(3)机读式检索工具

◆ 含义

机读式检索工具是以特定的编码形式将档案的内容和形式特征存储在计算机存储介质上,由计算机识读的检索工具。

◆ 特点

其特点是存储密度高,检索速度快、角度多,借助网络还可实现多人异地检索,不受时间和地点的限制,是当前档案检索工具的发展趋势。

但是,其前期的数据采集工作量比较大,并需要配备相应的设备,成本比较高,对档案著录标准化要求也比较高。

(4)缩微式检索工具

◆ 含义

缩微式检索工具是以缩微摄影方式制作的,以胶片为载体的检索工具。

◆ 特点

其特点是体积小,储存密度高;便于携带与交流,耐久性好。缺点是需要配备相应的设备,制作成本比较高。

2. 按编制体例划分

按编制体例划分,档案检索工具可分为目录、指南和索引三种。具体情况如下:

(1)目录

◆ 含义

目录是将档案的著录条目,按照一定的次序进行编排而形成的检索工具。

例如,案卷目录、文件目录、分类目录、主题目录、专题目录等。

◆ 特点

其特点是著录内容比较详细,能比较全面地反映某一特定检索对象的内容和形式特征。

(2)指南

◆ 含义

指南是以文章叙述的方式,综合介绍档案馆和档案全宗情况的一种检索工具。

例如,全宗指南、专题指南和档案馆指南等。

◆ 特点

其特点是内容详尽，可作为公开交流的资料。

(3)索引

◆ 含义

索引是将档案材料的某一内部或外部特征及其出处按照一定的原则和方法排列起来而形成的检索工具。

例如，文号索引、人名索引、地名索引等。

◆ 特点

其特点是可以满足利用者对某些具有共同特征或反映同一事物档案材料的查找需求。

3. 按功能划分

按功能划分，档案检索工具可分为介绍性、馆藏性和查检性三种。具体情况如下：

◆ 介绍性检索工具

介绍性检索工具是概要介绍和报道档案机构、档案全宗情况的检索工具。

例如，专题指南，全宗指南，档案馆指南等。

◆ 馆藏性检索工具

馆藏性检索工具是反映档案实体整理体系及其相互关系的检索工具。

例如，全宗目录，案卷目录，案卷文件目录，全引目录等。

◆ 查检性检索工具

查检性检索工具是脱离档案实体排列顺序，从档案的某一内容或形式特征提供检索途径的检索工具。

例如，分类目录，主题目录，专题目录，人名索引，地名索引，文号索引等。

(二)档案检索工具的职能

存储和检索是档案检索工具的两个基本职能，具体情况如下：

1. 存储

存储是把有关档案的特征记录下来，按照一定格式组成条目，成为一条条查找档案的线索，并将它们科学分析和系统排列，并行著录、标引、存储起来的制成索引的工作。

2. 检索

检索是把制成的索引数据库与档案实体进行比对，按用户要求找出在索引目录中指定的档案实体的引导工作。

(三)几种常用检索工具的编制方法

常用的档案检索工具有许多种，下面主要介绍一些常用的检索工具。

1. 分类卡片

(1) 含义

分类卡片，是不考虑全宗界限，把案卷或卷内文件的内容和形式特征，采用分类的方法记录在一定格式的卡片上而形成的目录。

(2) 特点

◆ 由于它是按照档案的内容进行分类的，使同一专题的档案信息集中在一起，很方便从专题和问题的角度查找档案；

◆ 同时，由于它突破了全宗界限，这就能使分散在不同全宗的同一专题集中起来，能系统完整地提供档案。

所以，它具有系统性和集中性强的特点。

(3) 格式

分类卡片的著录格式应根据国家标准《档案著录规则》所推荐的文件级卡片著录格式和案卷级卡片著录格式编制。

2. 主题卡片

(1) 含义

主题卡片是用主题词提示文件或案卷内容，并按主题词的汉字顺序排列起来的卡片式检索工具。

(2) 内容

主题卡片目录内容包括分类号、档号、主题词、题名、责任者、时间、保管期限、附注等。

(3) 优点

◆ 一是专指性和集中性强；

◆ 二是检索简单，只要翻卡片就行；

◆ 三是存储在卡上的信息详细、丰富；

◆ 四是能把分散在各个全宗的同一主题的档案集中，准确地向利用者提供某一主题的全部档案；

◆ 五是查找迅速、准确。

3. 专题卡片

◆ 含义

当类别名反映的是专题名称时就是专题卡片。它是应用比较普遍的一种检索工具。

◆ 特点

其特点也是以专门题目为对象，不受全宗限制，把全馆资料按专题形式分类集中起来，有利于按专题查找档案。

◆ 项目

专题卡片目录的著录项目有专题名称、类、属类、文件题名（标题）、责任者（作者）、文件编号、时间、主题词、附注、档号等。

4. 案卷文件目录

◆ 含义

案卷文件目录是以全宗为单位将案卷目录和卷内文件目录相结合，按一定次序编排而成的一种档案检索工具。

◆ 特点

其优点是揭示档案内容和成分比较具体，既可用于查找案卷，又可用于查找卷内文件，并能全面反映库藏档案的数量与内容，编制也比较方便。

其缺点是体积比较大，且按档案实体整理顺序编制，问题不够集中，检索途径单一，不便按专题查找利用档案。

◆ 具体过程

编制案卷文件目录，主要做到：

首先列出记录案卷特征的有关项目，包括：案卷号，案卷题名、起止日期、页数、保管期限等；

然后在下面列出卷内文件的目录。

◆ 格式

案卷文件目录的格式见表4-1所示。

表4-1　案卷文件目录格式

案卷号	案卷题名	起止日期	页数	保管期限	附　注	
顺序号	责任者	文件字号	文件题名	文件日期	所在页号	附注

5. 案卷(归档文件整理)目录

◆ 含义

案卷(归档文件整理)目录是以案卷(文件)为单位，根据档案整理顺序组织起来的、固定案卷(文件)位置、统计库藏案卷(文件)数量的一种管理工具，也是档案馆(室)中一种最基本的检索工具。

◆ 特点

其缺点是按档案实体整理顺序编制，问题不够集中，检索途径单一，不便按专题查找利用档案。

6. 主题目录

(1) 含义

主题目录是依据《中国档案主题词表》中的主题词字顺编排而成的一种档案检索工具。

(2) 特点

其优点是，能够集中反映同一事物的档案，具有较好的特性检索功能。但因其按字顺排列，系统性比较差。

(3) 编制步骤

主题目录的编制步骤是：

◆ 确定检索深度

目录的检索深度愈深，就能提供越多的检索途径，特别是在计算机检索中，可以得到充分的体现。

只要将赋予每个案卷（文件）的主题词录入计算机数据库系统中，就可以任何一个主题词为检索点，查找出反映相关主题的全部档案。

◆ 编制条目

编制主题目录的条目应将一个案卷（文件）的主题词按一定顺序著录在卡片上，形成一个条目。

◆ 主题目录卡片的排列

一般按照主题词的字顺排列，包括拼音、部首和笔画等。在相同的主题词下，再按子标题词的字顺排列。

◆ 设置指引卡

主题目录卡片排列完毕之后，除了在每个卡片盒中设置标明该盒全部标题款目首字的综合导卡外，还应在首字不同的标题款目之间设置指引卡。

7. 分类目录

(1) 含义

分类目录是按照《中国档案分类法》的体系组织起来的以分类号为检索标识的一种档案检索工具。

(2) 特点

其优点是打破了形成年度、形成机构和全宗的界限，将反映同一问题的档案信息集中在一起，系统性强，具有较强的族性检索功能。

(3) 编制步骤

目前用于手工检索的分类目录大多采用卡片式目录。其编制步骤如下：

◆ 填制卡片

制卡应根据《档案著录规则》的有关规定和档案标引的有关要求进行。可采用一文一卡，一卷一卡，多文一卡，多卷一卡等形式。

◆ 排列

排列方式应以《中国档案分类法》为准。不同历史时期的档案应分别排列。

具体说来,先按字母顺序排列。同一字母的卡片集中排放在一起,然后再逐级按阿拉伯数字的大小排列。

◆ 放置指引卡

指引卡是一种上端带有耳状突出物的卡片。使用时,在突出处标明各类目的分类号和类目名称,便于检索者迅速准确地查到所需档案卡片。

◆ 编制分类目录类目索引

类目索引就是将分类目录中的类目名称按字顺排列,并标出相应的分类号,以便按字顺查找。

8. 人名索引

(1)含义

人名索引是将档案内容所涉及的人物特征记录下来,以某种方式集中排列,并指明其出处的一种档案检索工具。

(2)内容

人名索引内容有简单著录和详细著录两种。

◆ 人名和档号是简单级人名索引的组成部分。

◆ 如需详细反映有关人物的综合情况,也可作详细级著录。

(3)类型

人名索引可以分为综合性和专题性两种类型。

◆ 综合性人名索引

即将馆藏档案中所涉及到的全部人名编成索引。主要用于某些特殊门类的档案,如外事档案、人事档案、诉讼档案等。

◆ 专题性人名索引

即以档案内容所涉及的某一专题(如任免、奖励、处分等)中的人名为标识编成的索引。

9. 文号索引

(1)含义

文号索引是指明文件编号及相应档号,以一定次序编排而成的一种档案检索工具。

(2)编制过程

文号索引按年度、发文机关分别编制。即将同一年度、同一发文机关的文件集中在一张表内,然后装订成册,就形成了一个年度的文号索引。

(3)形式

其形式主要有以下两种,具体情况如下:

◆ 位置对应式文号索引

用一定的格式确定每一个文号在表格中的位置，然后在该位置上直接填写该份文件的档号。见表4-2所示。

表4-2 位置对应式文号索引

××××年××机关文号索引

	0	1	2	3	4	5	6	7	8	9
0										
1										
2										
3										
4										
5										
6										
7										
8										
9										
10										
11										

备注：表内空格位置表示文号。表格由纵横坐标组成。每行可填10个文号，表示文号的个位数。纵坐标表示文号的十位数。即第几行便表示第几十个文号。

如上表所示，将档号填在第5行的第9格内，即表示文件的文号为59号。表格的总行数可根据当年某机关所发文件总数来确定。在代表每一发文号位置的空格中填写该文件的档号。检索时先根据纵横坐标确定文号位置，该位置上的号码即为该文件的档号。

◆ 号码对应式文号索引

即在一张表格中预先打印上文件的编号(00－99)，然后在与文件编号对应的空格中填写该份文件的档号，其样式见表4-3所示。

表4-3 号码对应式文号索引

××××年××机关文号索引

00		10		20		30		40		50		60		70		80		90	
01		11		21		31		41		51		61		71		81		91	
02		12		22		32		42		52		62		72		82		92	
03		13		23		33		43		53		63		73		83		93	
04		14		24		34		44		54		64		74		84		94	
05		15		25		35		45		55		65		75		85		95	
06		16		26		36		46		56		66		76		86		96	

07		17		27		37		47		57		67		77		87		97	
08		18		28		38		48		58		68		78		88		98	
09		19		29		39		49		59		69		79		89		99	

备注:表内每页有100格,以固定数字00—99表示,代表100个文号。满100号时,填写第2页,并在00号前加上个1,满200号时,再重起1页,并在00号前加个2,依此类推。每满100号就增加1页,并在00号前填写相应的页数。文号旁的空白格用于填写该份文件的档号。

第二节　档案利用工作

档案利用工作是档案工作的根本目的之一。人们之所以开展档案工作,就是要通过档案的收集、整理、保管等工作,积累档案信息资源并为现实工作服务。

因此,档案管理工作自始至终都贯穿着为档案利用工作创造条件、打好基础这条主线。

一、档案利用工作概述

(一)档案利用的概念

档案利用是指以利用者为服务对象,以提供档案馆(室)库藏档案为手段,采取多种形式和方法,开发和提供档案为利用者服务的工作。

档案具有特殊利用价值,而这种价值只有在利用中才能得到体现。因此,档案利用工作是档案工作诸多环节中最具活力的一个环节。

(二)档案利用工作的内容

档案服务利用工作的基本内容主要有:

◆ 介绍馆(室)藏档案形式内容;

◆ 提供各种不同类型的检索工具;

◆ 分析和预测社会对档案信息的需求特点;

◆ 开展档案深层次开发;

◆ 积极向社会提供咨询服务;

◆ 通过各种方式为利用者提供档案和情报信息等。

(三)档案利用工作的意义

档案利用工作具有重要的意义,具体体现在:

◆ 档案利用服务工作是档案工作的根本目的

党和国家花费大量人力、物力建立档案馆和档案室的根本目的,归根到底是为了提供利用。

◆ 档案利用能够检验并促进档案基础工作的发展

在实际工作中,人们总是把档案利用服务工作做得如何,作为衡量档案馆(室)业务工作是否有成绩的主要标志。

◆ 档案利用服务工作能推动整个档案工作的发展

通过档案利用服务工作,可以获得有关档案管理的反馈信息,能够比较客观地发现和了解档案工作各环节的工作质量。

◆ 档案的大量利用是档案管理效益的实际产出

大量利用档案信息,能够最大限度地减少社会、组织或个人脑力、体力上的重复劳动,这也正是档案价值的根本体现,是档案工作效益的实际产出。

◆ 档案利用服务工作是对档案工作最有效的宣传

做好档案工作,需要全社会的关心和支持。把收藏的大量档案材料提供给利用者,满足多方面的需要,扩大档案工作在社会上的影响。

二、档案利用工作的方式

档案利用工作的方式主要有以下几种:

1. 档案的阅览

阅览服务是档案利用工作的主要形式。由于许多档案有特定的利用对象和范围,且往往只有一份,从保密和保护两个方面考虑,档案一般不外借。做好阅览室服务工作应注意以下几点:

(1)阅览室要提供良好的阅读环境,主要体现在:

◆ 阅览室要做到明亮、安静、清洁,阅览桌、阅览椅、便笺、书写笔一应俱全,坐椅舒适,一般应设置服务台和监护设备等;

◆ 还可以开辟为利用者服务配套的相关资料室;

◆ 资料室的相关出版物,如书籍、报刊、词典、年鉴、手册等工具书,以及档案检索工具等都应能及时提供。

(2)阅览室要具备正常的阅读秩序,具体体现在:

◆ 阅览室应建立、健全必要的规章制度;

◆ 制度包括阅览室接待的对象、档案材料的借阅范围和批准手续,阅览室应遵守的各种规章等。

(3)阅览室要创造优良的服务条件,具体体现在:

◆ 阅览室工作人员必须具备为阅览者服务的思想;

◆ 具有认真负责的工作作风;

◆ 熟悉档案的全宗目录;

◆ 能认真热情地解答阅览者提出的各种问题,当好阅览者的参谋。

2. 举办档案展览

(1)档案展览的理解

档案展览是根据某种需要,按照一定主题,展示和介绍档案的内容和成分的一种服务方式,具有用户多、社会影响面大等特点,因而,被视为档案与社会对话的一种形式。

(2)档案展览的主要特点

档案展览的优点主要有:

◆ 一是参观的人多,服务面广;

◆ 二是展品经过选择,材料比较典型;

◆ 三是能以档案的原始性、真实性和形象鲜明的特点,给观众留下深刻的印象,起到生动的宣传教育作用。

(3)档案展览的形式

档案展览从展出时间上划分,有长期展览和短期展览两种,具体体现在:

◆ 长期展览主要是陈列档案馆(室)保存的有关国家、民族或本地区、本单位历史的珍贵档案文件,有助于人们了解相关档案部门馆藏范围、特点及价值,扩大档案和档案工作的社会影响。

◆ 短期展览是指档案馆(室)为配合某项工作或活动而举办的各种专题展览,具有较强的针对性和宣传教育功能。

(4)档案展览注意的事项

在举办档案展览的过程中,要做到:

◆ 举办档案展览应精心策划,注意档案展览的政治性、科学性与艺术性,综合利用各种形式的档案材料。

例如,可在陈列纸质文件的同时,引入多媒体技术和部分实物,图文并茂,声像结合,提高档案展览的视觉效果。

◆ 举办展览还应注意档案的保密与保护。

例如,涉密档案一般不展出,特殊情况需要展出时,应控制参观者范围;重要的文件、照片、音像资料的原件一般不宜直接用于展览,应改用复制件替代等。

◆ 要广泛宣传,搞好参观接待,收集反馈信息,不断总结经验。

3. 档案的外借

(1)外借服务的理解

外借服务是为满足某些特殊的利用需求,经审核批准,允许用户将档案原件携出馆(室)外使用的一种服务方式。其服务对象主要是本机关领导和相关档案的形成部门。

(2)档案外借的注意事项

在进行档案外借的过程中,要注意以下事项:

◆ 外借服务,应严格履行审批手续。

◆ 外借时应做好外借登记。

◆ 档案外借应严格控制借出数量与借阅时间。

◆ 期满未还,应履行催还手续,以便尽快把档案收归入库。

◆ 档案借出库外时,应在借出档案的存放位置上放置档案代理卡,说明档案的去向。

◆ 档案归还入库后,将该卡取出按档号排序后集中保存。

◆ 有复制件的档案原件一般不外借。

4. 档案的复制

(1)档案复制的理解

制发档案复制件服务是指根据档案用户需要,以档案原件或已有的档案副本为依据,通过复制、摘录等手段,向档案用户提供档案复制品的一种服务方式。

(2)制发档案复制本的手续

制发档案复制本必须履行一定的手续,主要有:

◆ 由申请者提出所要复制的档案,并说明复制的要求、份数和用途等;

◆ 必须履行一定的批准手续;

◆ 档案馆(室)根据自己的设备条件和利用者的要求进行复制;

◆ 档案复制本必须和档案原件仔细校对,并在文件空余处或背后注明档案馆(室)的名称、档案原件的编号,必要时加盖公章,以示负责。

5. 提供咨询服务

(1)咨询服务的理解

咨询服务是答复用户询问的档案利用方式。提供咨询服务要求档案馆的工作人员以档案为依据,以自己所掌握的业务知识和专业技术知识为基础,对查询者提出的问题进行解答,或向利用者提供档案检索途径。

(2)咨询服务的内容

提供咨询服务的内容一般包括事实性询问、知识性询问、政策性询问和情报性询问几种。

(3)咨询服务的范围

咨询服务的范围主要包括:

◆ 解答咨询,即以口头或书面形式答复利用者询问;

◆ 指导利用者使用档案检索工具;

◆ 为查找档案资料的用户提供档案线索等。

6. 制发档案证明

(1)制发证明的理解

制发证明是依据库藏档案内容,为用户提供某项事实证明材料的一种服务方式,涉及国家、组织和个人的根本利益,是档案利用工作的一项重要工作内容。

(2)制发档案证明过程

◆ 制发档案证明一般应先由利用者提出申请,说明索取档案证明的目的、需要证明的问题及相应的时间、地点等线索;

◆ 然后,经领导审查批准后,由档案人员根据库藏档案记载的内容出具相关证明。

7. 提供数字档案信息服务

(1)数字档案信息服务的来源

数字档案信息主要来源于两个方面:

◆ 一是随着电子政务和办公自动化迅猛发展,各级各类档案部门接收了不少电子文件。这些电子文件成为档案部门数字档案资源的重要组成部分。

◆ 二是档案部门为促进档案信息的利用,对部分利用价值较高的库藏档案进行数字化所形成的数字档案,是数字档案中的精品。

(2)数字档案信息服务的方式

目前,档案部门的数字档案信息服务主要采用以下两种方式,具体是指:

◆ 网络服务

网络服务即通过计算机和信息网络直接向用户提供数字档案信息的服务,是一种全新的档案服务方式。

◆ 提供备份

由于数字档案具有可复制、易修改、载体不稳定等特点,一般不宜直接向用户提供档案原件。实际工作中主要采用制作备份提供利用的方法来保护原始数据的完整、安全与可读。

第三节　档案编研工作

一、档案编研工作概述

(一)档案编研工作的概念

档案编研工作是以库藏档案为主要研究对象,以社会需求为目的,通过对档案内容的编辑、归纳,形成系统的档案信息加工品,主动、直接地为社会各方面工作服务的一项工作。

(二)档案编研工作的内容

档案编研工作的主要内容如下:

1. 编写档案文集和档案专题史料

◆ 概念

即按照档案文件的某一特征,把档案文件整理汇编成册,供本单位内部使用或对外交流及出版。

◆ 内容

档案文件汇编和档案史料的内容主要有党政机关的重要文件、政策法规以及开展各项研究所需的档案专题史料。

2. 编写档案参考资料

◆ 概念

档案参考资料是对原始档案内容进行加工编写的一种书面材料。

一般是根据社会的需要,先拟定一个题目,再集中这方面的档案资料,这些资料不是原始档案的简单复印和堆积,而是经过档案编研人员综合研究、编辑整理加工后而编成的档案利用参考资料。

◆ 形式

其主要形式有:大事记、年鉴、组织沿革、统计数字汇编、专题概要等。

3. 编史修志,撰写历史文章和专著

即在收集整理鉴定库藏档案的过程中,深入研究库藏档案内容,开展与库藏档案有关的学术研究,撰写学术论文与专著。

现在很多地方已将史志部门依托于档案馆,甚至一套班子,两块牌子,合署办公,互相促进,出了很多研究成果,繁荣了历史文化,也促进了档案工作的发展。

二、档案编研材料的编制方法

档案编研材料的编制主要分为以下几种材料的编制,具体体现在:

(一)参考资料的编制

档案参考资料是根据一定的研究目的,对相关档案进行综合分析后编写而成的一种档案信息加工品。档案参考资料主要有以下几种类型:

1. 组织机构沿革

(1)含义

组织机构沿革,是全面、系统地记载特定地区、系统、单位机构、人员变化情况的一种参考资料。

(2)内容

组织机构沿革的内容大致包括该单位(系统)的概况、机构名称、组织沿革、领导人员变动、搬迁变动、成立、撤销或并改时间、隶属关系、性质和任务等方面的整体情况。

(3)体例

组织机构沿革的体例可以根据不同需要决定,可以采取文字叙述或图表的形式,也可图文并茂。通常体例有两种:

◆ 一种是以时间为主线,先将档案材料按阶段组合,然后在每个阶段下面再分别叙述其内容;

◆ 另一种是以题目为主线，先将材料按内容分成若干题目，然后在每个题目下面逐年或逐阶段汇集档案资料加以叙述。

2. 基础数字汇集

(1)含义

基础数字汇集也称数字汇集、统计数字汇集、基本情况统计等，是以数字形式为主反映某一地区或某一方面基本情况的一种档案参考资料。

(2)种类

基础数字汇集的种类很多，具体可分为：

◆ 从编写形式上可分为图表式、文字叙述式、图表与文字叙述结合式。

◆ 从编写内容的范围划分，可分为综合性基础数字汇集和专题性基础数字汇集。

3. 大事记

大事记又称为年表、年谱、大事纪年等，是按照时间顺序编排，简要说明、反映某一重要事物和重大事件的一种档案参考资料。

4. 专题概要

◆ 含义

专题概要是以文章叙述形式概要介绍、说明某个特定题目档案内容的一种档案参考资料。

◆ 种类

专题概要种类很多，比较常见的有科研成果简介、会议简介和人物简介等。

5. 年鉴

(1)含义

年鉴是逐年编纂、年年出版，记录上一年度各种重要信息和数据的大型资料工具书。

(2)种类

◆ 根据内容收录范围划分，年鉴可分为地方综合年鉴和专题年鉴两种类型。专题年鉴还可细分为行业年鉴和企事业单位年鉴等。

◆ 根据编写方法划分，年鉴又可以分为文字记述性年鉴和数字统计性年鉴。

(二)重要文件汇编

重要文件汇编即把关于党和国家的方针政策以及法律、法规和指导性文件汇编成册，供各方面工作查考与利用。具体编制方法如下：

1. 确定收录范围

收录范围可以是上级机关文件，也可以是本机关形成的文件，但必须是有查考利用价值、需贯彻执行的重要文件。

2. 分类及排序

重要文件汇编一般可直接利用原文的重复件和复制件。

编研工作的重点应放在对文件的科学分类和排列上。文件的分类和排列应保持文件之间的历史联系，方便查找与利用。

(三)档案史料汇编

档案史料汇编即围绕一个特定的题目，将与之相关的原始档案文献信息按一定的标准排列、汇集起来而形成的出版物。其编制工作具体分为以下几个步骤：

1. 选题

在选题过程中，应注意：

◆ 应充分考虑利用需求和库藏资源情况；

◆ 以党和政府以及本单位的中心工作和人民群众关注的热点问题为重点；

◆ 以总结历史经验和教训为立足点；

◆ 以翔实的档案史料为基础，避免空洞无物、编而无用。

2. 选材

选材的同时，也要注意：

◆ 广泛搜集与题目有关的档案材料；

◆ 对其所搜集的材料进行分析和研究，从中筛选出符合选题要求、真实可靠、有较高利用价值的档案史料作为汇编对象。

3. 加工

在对入选档案资料进行认真研究、仔细校勘的基础上对档案信息进行必要的加工。主要包括历史文件的标点、分段，文字语句的校正、恢复，标题的修改及拟写等。

4. 分类与排列

为便于读者查找及利用档案信息，应对收入汇编的档案史料进行科学地分类与排列，系统地反映选题的内容。

5. 编制辅文

辅文内容主要包括：序言、编辑说明、注释、按语、目录、索引、插图、年表、备考等。

◎ 本章小结

1. 档案检索就是把档案的内容和特征，存储在各种检索工具中，满足档案利用者的需要，快捷、准确地把档案查找出来的一种引导工作。

2. 档案检索工作包括两方面的内容：一是编制档案检索工具，建立检索系统；二是利用这套检索工具为档案使用者提供查找检索服务。

3. 档案检索工具，是帮助客户迅速找到所需档案的工具，是档案馆为用户提供档案利用的手段。

4. 档案利用是指以利用者为服务对象，以提供档案馆(室)库藏档案为手段，采取多种形式和方法，开发和提供档案为利用者服务的工作。

5. 档案利用工作的方式主要有:阅读服务、举办展览、外借服务、制发复制件、咨询服务、制发证明等。

6. 档案编研工作是以库藏档案为主要研究对象,以社会需求为目的,通过对档案内容的编辑、归纳,形成系统的档案信息加工品,主动、直接地为社会各方面工作服务的一项工作。

7. 档案编研工作的内容主要有:编写档案文集和档案专题史料、编写档案参考资料、编史修志、撰写历史文章和专著。

◎ **练习题**

1. 什么是档案检索?
2. 检索工具的职能是什么?有哪些主要种类?
3. 什么是档案利用工作?它的基本内容有哪些?
4. 档案利用工作的方式主要有哪些?
5. 什么是档案编研工作?
6. 试述档案编研工作的内容及主要编研材料的特点。

◎ **课后阅读**

一套图纸赢得了一笔大生意

××年5月,德国某公司远东办事处总负责人罗伯特先生委托新疆腾飞毛毯厂加工一批地毯。

合同签订后,他透露了还想加工一批“装饰挂毯”的意向,但这种装饰挂毯的图纸没有带来,表示以后拿来图纸再作具体商谈。

该毛毯厂深知,在外贸业务中,这样大宗生意随时都可能被别人抢走。根据罗伯特对挂毯款式、规格的介绍,厂长回想起该厂曾在前一年加工过一批与罗伯特先生要求相近的装饰挂毯。

于是立即派秘书到厂档案室查找,档案工作人员根据案卷目录,迅速调出了这批装饰挂毯的图纸。

厂长请罗伯特先生审看,并表示可以根据这套图纸,再结合他的要求设计出一份合格的图纸来,罗伯特先生听后表示了极大的兴趣。同意“先让技术科的先生设计出一份草图来看看”。

厂技术人员依据档案图纸,略加修改,仅用一个多小时,就把一份装饰挂毯设计图纸摆到了罗伯特先生面前。

罗伯特先生看后,兴奋地连声说:“奇迹,奇迹,几乎完全一样!”并当即与该厂增签了一批共计120万美元的加工合同。

第五章　新型载体档案管理

当代科学技术正日新月异地向前发展，区别于纸质的各种各样的信息载体材料，从四面八方涌进了办公室。

第一节　新型非纸质文书档案

现在办公室不仅大量使用传统的纸质文件，而且也在使用许多新型的非纸质文件，如电子文件、照片文件、录音录像文件等。下面分别介绍：

一、电子文件

（一）电子文件的概念

电子文件是指在数字设备及环境中生成，以数码形式存储于磁盘、磁带、光盘等载体中，通过计算机进行阅读、编辑、传输、存储等处理，并可在通信网络上传送的文件。

电子文件是伴随着计算机技术的产生而出现的，是无纸化、自动化办公的直接产物，进入电子时代后将是办公的主角。

随着办公自动化的发展和深化，过去用纸墨、照相形成和传递的政府机关公文，以及图书、图纸、图形、影像、文献资料、科技情报、商业信息等，都可用电子计算机制作形成。

（二）电子文件的特点

在当今社会，电子文件主要具有如下特点：

◆ 电子文件是社会组织和个人在各种社会实践中，为推动实际事务的进程而产生的

在社会实践中，电子文件也经历着思想酝酿、起草、审核定稿、向外发出、办毕归档等诸多环节。

但是，电子文件的审稿都直接在同一稿本上进行，修改也不会留下任何痕迹。

◆ 电子文件的非人工直读性

电子文件在计算机中产生和处理，是使用人工不能直接识读的数字代码，存储于某种载体上，在制作时是把可识别的文字、图形等传输到电子计算机中转换成二进制码来表示的。

◆ 电子文件信息与载体的可分离性

电子文件内容与载体的依附关系不同于纸质文件。传统的纸质文书档案，其内容与载体密不可分，而电子文件中的内容和载体失去了紧密的关系，其内容可以反复地输出，每次输出在其外观形态上可能有所不同，但并不影响其原始性和权威性，也就是说，电子文件的权威性体现在其信息的原始性和内容的唯一性上。

◆ 电子文件需要借助现代办公设备才能阅读利用,不存在印刷的环节

电子文件办文完毕后,其归档工作极其简单,轻敲键盘即可快速完成文书的立卷归档和销毁工作。

◆ 电子文件信息的易更改性

电子文件在起草阶段或做其他处理时突出的优点是,方便增、删、改,改后又不留痕迹。同时,电子文件的易更改性给其归档后形成的电子档案保管工作,带来纸质文件所没有的新问题。

◆ 电子文件对设备及标准的依赖性

电子文件从生成、传输到存储都是通过电子计算机实现的,所以,电子文件与电子计算机中的各种设备,包括软件和硬件,有着密切的依赖关系。

同时,这个特征,对电子文件的安全保管和长期保存又带来了很多问题。

例如,设备的故障、硬件的不兼容、软件的不规范、病毒程序和较快的更新换代等,都会对电子文件的归档及其归档后形成的电子档案的管理产生不良的影响。

◆ 电子文件多媒体制作的集成性

电子文件可以对文字、图形、声音、图像等各种信息进行组合,形成多媒体文件。

现在通过调用不同数据库中存在的数据"合成""虚拟文件"已成为了一种文件的制作方法。这类文件能够图、文、声、像并茂地再现历史活动的情况,并可在网上阅读。

◆ 电子文件的信息共享性及不安全性

电子文件可以在网络上的任何一个终端随时读取电子文件,从而摆脱了时间和空间的制约。但随着网络的发展,网络安全问题已日益突出,网络的不安全性已成为限制其发展的最大障碍。

◆ 电子文件存储的高密度性

随着技术的进步,电子文件载体的存储密度正在不断加大,除各种计算机硬盘外,软盘、U 盘、光盘、磁盘阵列、磁带的存储容量都在不断增长,其存储密度大大高于以往任何一种人工可识读的信息载体。

二、胶片档案

(一)胶片档案的概念

胶片档案大多是文书档案的复制品,多数情况下是人们为满足保护文书档案的需要,而将文书档案的内容复制到胶片上,成为胶片档案。

(二)胶片档案的特点

胶片档案主要有以下特点:

1. 在光盘发明和广泛使用之前,胶片是大批量复制档案的主要选材,它具有体积小、存储密度大、费用低廉等特点。

2. 制作和读取胶片档案上的信息,则要通过特别的机器设备进行,对其保存的条件要求比传统的文书档案高。

三、录音、录像档案

(一)录音、录像档案的理解

录音、录像档案是利用电磁感应原理,把声音、图像转换成电信号,以电信号形成的磁场去磁化磁性介质,使信息存储于介质并能重放。

(二)录音、录像档案的作用

◆ 录音、录像档案脱离了传统的纸质载体和文字记录形式;

◆ 录音、录像档案拓宽了纸质文书的记录范围;

◆ 录音、录像档案以生动形象的音像存储信息,产生了纸质文书难以达到的效果;

◆ 录音、录像档案既可作为各级各类社会组织工作的凭证,还可作为宣传教育的生动教材。

第二节　新型载体档案的管理

随着新型载体档案的产生,就需要对新型载体档案进行必要的管理,主要有以下几种:

一、磁性载体档案的管理

(一)磁性载体档案的内涵

1. 概念

磁性载体档案是指国家机构、社会组织和个人在社会活动及科学实践中直接形成的、有保存价值的、以磁性材料(如计算机磁带、软磁盘、录像带、录音带等)为信息载体的文件。

2. 类型

根据不同的记录方式,磁性载体档案可分成模拟记录和数字记录两种类型,具体是指:

◆ 模拟记录是磁记录技术直接将原始信息转换成磁信号记录在磁载体上的记录。

◆ 数字记录则需要先将原始信息转换成计算机编码,再将数字信号记录在磁载体上。

3. 种类

磁性载体档案主要有以下种类:

(1)录像带

◆ 含义

录像带就是用于电视摄影、传递和存储音像信息的磁介质信息技术存储载体。

◆ 规格

录像带的规格有很多种。目前,市场上较为普遍使用的有小 3/4、大 1/2 和 16 mm 等规格的录像带。

(2)录音带

◆ 含义

录音带就是用于录制音响、传递和存储声音信息的磁介质信息技术存储载体。

◆ 规格

录音带有早期的钢丝带、唱片、塑胶带等很多种,规格、形状不一。

(3)软磁盘

◆ 含义

软磁盘就是可以脱机传递和存储的计算机磁介质信息技术存储载体。

◆ 类型

软磁盘按尺寸划分为 8 英寸、5.25 英寸、3.5 英寸等;按记录密度划分有单密度、倍密度、四倍密度和高密度软磁盘;按存储容量划分有从 81K 到 1.44M 多种。

(4)硬磁盘

◆ 含义

硬磁盘是指与计算机驱动器装在一起的磁介质信息技术存储载体,是计算机的主要外部存储设备。

◆ 规格

硬磁盘按尺寸可分为 14 英寸、8 英寸、5.25 英寸、3.5 英寸等。

(5)计算机磁带

◆ 含义

计算机磁带是指用于计算机数字存储技术载体的磁介质盘带。

◆ 规格

计算机磁带按磁带宽度划分有 1 英寸、1/2 英寸、1/4 英寸等规格,目前广泛使用的是1/2英寸的磁带。

(二)磁性载体档案的收集和整理

1. 磁性载体档案的积累

磁性载体档案的积累过程主要如下:

◆ 磁性载体文件由形成部门负责收集积累,并确保文件的完整性、准确性。

◆ 档案部门负责监督、检查、指导。

◆ 磁性载体文件应一式两份,与相应的纸质文件同时收集并进行登记。

◆ 磁性载体文件形成部门对已形成的磁性载体文件应同纸质文件一样及时整理,同一盘(带)中存放多份文件的应建立磁性载体文件目录清单,见表 5-1 所示。

表 5-1　磁性载体文件目录清单格式

序　号	文件号	题　　名	档　号

◆ 此外，应注意积累和登记磁性载体文件的更改单、版本更新通知等材料。

2. 磁性载体档案的归档

磁性载体文件的归档工作应执行国家和单位的有关规定，遵循集中统一、确保安全、便于利用的原则，由各单位的档案部门归口管理。归档的要求主要有：

(1)产生磁性载体档案较多的广播电台、电视台等单位，应建立健全归档制度，明确由节目制作者负责对各种素材带和节目资料带进行整理、编辑与鉴定，确保内容真实可靠，具有保存利用价值。

(2)其他单位也应将重要的磁性载体文件纳入本单位的归档范围，将本单位工作活动中形成的，有保存价值的录音、录像资料，及时移交单位综合档案室统一保管，防止录制者未经审查与批准就把反映立档单位基本活动面貌的磁带擅自消磁，造成不可弥补的损失。

(3)归档的磁性载体文件必须是可读文件。归档时必须在有关的设备上演示或检测，运转正常，无病毒、清洁、无划伤，确保文件的完整性和内容的准确性。

(4)同一项目同一类别的磁性载体文件应存储在同种磁性载体上，应将磁性载体文件目录清单与磁性载体文件一并归档。

(5)归档的录音(像)带、软磁盘的性能质量应分别符合GB7309—87、GB9416.1—88、GB/T14306—93 的有关规定。

(6)归档的磁性载体文件应由文件形成部门编制归档说明，具体体现在：

◆ 磁带(软磁盘)需简要说明带(盘)中存储文件的内容，运行的软、硬件环境，版本号，文件的完整性和准确性等。

◆ 录像带需简要说明该片的内容、制式、语别、密级、规格和放映时间，同时还应归档一套可供借阅的备份录像带。

◆ 录音带需简要说明讲话内容、讲话人姓名、职务、录制日期、密级等。

(7)保存磁性载体档案的档案部门应配置视听设备，以便查检拟接收磁性载体文件的质量。

3. 磁性载体档案的分类、编目和编号

磁性载体档案在分类、编目和编号中要注意：

(1)磁性载体档案作为一种专门档案，应作为立档单位的一种档案门类单独分类、编目、存放。

(2)磁性载体档案应按种类、年度和专题进行分类,以盒、带、盘等自然单位为档案基本保管单位(相当于卷),自然单位内的信息按信息单元分别排列。

(3)磁性载体档案的目录号应与其他门类档案的目录号混编,具体体现在:

◆ 盒、盘、带号(一个自然单位一个号)就是案卷号,应按磁性载体档案的分类排列的顺序编号;

◆ 一个自然单位内所存储的信息按信息单元排列顺序编顺序号(相当于件号)。

(4)归档的磁性载体档案必须贴上标签,主要表现在:

◆ 录像带盒上需标注带编号、档号、片名、放映时间、摄制单位、摄制日期、规格、制式、语别、密级等标识。

◆ 录音带盒上需标注带编号、档号、讲话人姓名、职务、主要内容和录制日期、密级、讲话时间等。

◆ 磁带(软磁盘)套、盒上需标注带(盘)编号、档号、软件名称、版本号、文件数、密级、编制人、编制日期等标识。

(5)磁性载体档案应按分类的顺序分别编制案卷目录,见表5-2所示。

表5-2　磁性载体档案案卷目录格式

案卷号		题　名	年　度	信息量	期　限	备　注
档案室编	档案馆编					

(三)磁性载体档案的鉴定与保管

1. 磁性载体档案的鉴定

档案馆(室)在接收磁性载体档案时,必须对其保存价值进行鉴定,主要体现在:

◆ 对某些没有保存价值或技术上有明显缺点的档案,可以提出处理意见。

◆ 一旦被接收入馆或入室便不能轻易消磁。

◆ 对确需消磁的,必须先征求业务部门的意见,取得同意后再送领导审批,并在登记目录中注销。

◆ 磁性载体档案保管一段时间后要进行复查。

2. 磁性载体档案的保管

磁性载体档案的保管,要注意以下几个方面:

(1)科学保养与维护

要科学地保养和维护磁性载体档案,就要做到:

◆ 应定期保养及维护磁性载体档案,并应建立磁性载体档案检测、保养卡 ,见表 5-3 所示。

表 5-3　磁性载体档案检测、保养卡

序号	时间	检测机型	信息记录格式	检测项目	结论	操作人

◆ 要经常进行倒带

温度为 18 ±1℃、相对湿度为 40% ±5% 的环境中贮存的磁带建议倒带间隔为 3 ~5 年。倒带速度要慢,倒带卷绕张力要恒定。

◆ 要经常进行检查及修复

包括磁带(软磁盘)外观检查、计算机磁带漏码/误差检查及受损磁带(软磁盘)修复。

例如,磁带经受高温后,首先应在室温环境下稳定几天,然后在磁带机上慢速运转,并转录到另一盘磁带上,将两者同时保存。

◆ 要经常进行清洁

要保证磁带机、软盘驱动器、清洗机的清洁,除要清洗磁带外,当发现运行磁带(软磁盘)有碎片脱落时,应立即对全系统进行清洗。

(2)合理控制温湿度

磁带受潮易变形,温度过高易变脆,并使磁带的磁粉脱落和带基老化。为此,应严格控制库房温度,主要应注意:

◆ 温、湿度变化范围:应在温度 15℃ ~27℃、相对湿度 40% ~60% 范围内选定一组值,一旦选定,在 24 小时内温度变化不超过 ±3℃、相对湿度变化不得超过 ±5%。

◆ 最佳环境温度是 18℃、相对湿度是 40%。

(3)保持清洁

保持磁性载体档案的清洁,主要应做到:

◆ 不要用手触摸磁带(软磁盘),应戴非棉制手套操作。

◆ 不要使磁带(软磁盘)接触不清洁的表面,如地面、桌面等。

◆ 装具应洁净无尘。

◆ 库房中禁止使用打印机。

◆ 库房地面不应打蜡、铺地毯。

3. 磁性载体档案的贮存

磁性载体档案的贮存主要包括贮存前的准备和贮存过程中两个方面,下面分别介绍:

(1)贮存前的准备

磁性载体档案贮存前主要应做如下准备:

◆ 磁性载体档案的管理应重视磁性载体的选择,禁止使用劣质软磁盘、磁带、录像带、录音带作载体。

◆ 应使用有背涂层的磁带,不应损坏、污染,磁带上不允许有皱褶,并且应卷绕平整、松紧适度。

◆ 录像带、录音带各项指标应符合 GB/T14306—93、GB7309—87、GB11956—89 的要求。

◆ 筛选劣质磁带的试验,检出粘合剂质量特别差的磁带。

◆ 长期贮存的磁性载体档案的信息要用经过调整、清洁的设备录制。

◆ 贮存前,检查磁带缠绕是否规整、边缘有无损坏。

◆ 应将磁带在干燥的环境中(相对湿度小于 40%)快封到塑料袋中和(或)密封容器中,以防粘合剂、润滑剂挥发。

(2)贮存过程中的要求

磁性载体档案在贮存中主要有如下要求:

◆ 保存磁性载体档案的库房温、湿度变化范围应在温度 15~27℃、相对湿度 40%~60% 范围内选定一组数值,一旦选定,在 24 小时内温度变化不得超过 ±3℃、相对湿度变化不得超过 ±5%。

◆ 保存磁性载体档案的库房的最佳环境温度是 18℃、相对湿度是 40%。

◆ 库房内的设备要避免水淹,磁带(软磁盘)架最低一层搁板应高于地面 30 cm 以上。

◆ 库房宜保持为正压,减少灰尘对环境的污染;库房中应无腐蚀性气体,并保证通风良好。

◆ 库房及装具应使用耐火材料,库房内及附近不得有易燃物品,库房内严禁出现明火。

◆ 不要用手触摸磁带(软磁盘),应戴非棉制手套操作。

◆ 磁性载体档案与磁场源(永久磁铁、马达、变压器等)之间的距离不少于 76 mm,可使用软磁物质(软铁、铁淦氧、镍铁合金等)构成容器、箱柜,对磁场进行屏蔽。

(四)磁性载体档案的利用

1. 磁性载体档案利用的方式

磁性载体档案提供利用的方式主要有:

(1)复制

◆ 含义

即通过制作录音、录像子带或刻录光盘为利用者提供磁性载体档案资料。

◆ 特点

这种方式方便、易行，既能最大限度满足利用者需求，又可保护磁性载体档案原件，是档案部门提供利用磁性载体档案的主要方式。

(2) 制作音像制品

◆ 含义

即利用磁性载体档案编辑、制作录音资料汇编，影视作品公开出版发行。

◆ 特点

这种利用方式能充分发掘磁性载体档案的内在价值和社会效用，展示磁性载体档案的魅力，增进人们对档案和档案工作的理解与认识。

(3) 开设视听阅览室

即设立专门的视听室或在固定的展室内开辟视听区，为利用者播放录音、录像等磁性载体档案。

2. 磁性载体档案利用中的保护措施

在积极开发利用磁性载体档案的同时，必须采取科学的保护措施，主要有：

◆ 各级档案部门应建立磁性载体档案的借阅制度，严格执行审批、借阅手续。

◆ 归档磁性载体档案中应有一份备份作为保存件，不得外借。

◆ 借阅和归还磁性载体档案时，应按规定进行质量检查、验收。

◆ 在提供利用前，先将计算机磁带在使用环境中平衡 3 天以上，录音带、录像带平衡 24 小时以上，并在读带前将磁带按正常速度全程进带、倒带各两次。

◆ 提供利用时，要提醒用户注意对磁性载体档案数据的保护，严格遵守操作规程，避开强磁场，避免机械故障或人员误操作损坏磁带、软磁盘及文件。

二、光学性载体（光盘）的管理

用光学原理与技术记录信息数据的载体，就是光学性载体，目前主要是指光盘，下面主要介绍光盘的一些情况。

（一）光盘的原理

光盘的原理主要是：

把激光束聚焦成小于 1 μm 的微小光点，能量高度集中，使存储载体上被照射点产生物理、化学变化，从而进行物理标记，用这种方法来进行数据记录。

比如，凹坑记录，其物理标记就是金属薄膜上被溶蚀的小孔，用微小的光点在载体上扫描，根据反射光的变化读出记录的数据。

（二）光盘的特点

光盘主要具有以下特点：

◆ 非接触形式的写入和读取信息

光盘是以激光进行写入和读取信息，而不是采用硬磁盘浮动式磁头机构和软磁盘及磁带的接触式读取机构。

所以，在阅读过程中不会损坏光盘，光盘的使用寿命相对较长。

◆ 记录密度高、存储容量大

激光经聚焦之后光束截面可以很小，因此，采用激光写入的每位信息占据的面积很小，从而达到很高的记录密度。

光存储不仅有很高的位密度，由于光伺服技术的发展，也实现了很高的道密度，所以，具有很大的存储容量。

◆ 存取速度快

采用随机存取方式，存取速度快。

◆ 数据传输率高

因记录密度大，就为高数据传输率提供了条件。现在有的光盘每一通道数据速率为 50MB/S 以上，通过改进光学系统还可以提高数据传输率。

◆ 存储费用低

因容量大，以单位存储容量角度看，存储成本低。

（三）光盘的种类

目前，光盘主要有以下三种，具体是：

◆ 一次写、多次读光盘

这种光盘允许用户自己记录一次，但不可消去或修改。

◆ 可擦写光盘

这种光盘不仅能用激光记录信息，而且还可以擦除所记录的信息并重新写入新的信息。

◆ 只读式光盘

它是一种只能读取不能作信息追加记录的光盘，也就是用户只能读取由制造光盘厂家刻录好的光盘信息，而不能再向光盘刻录任何信息。

（四）光盘的维护

光盘在使用过程中，由于金属层的氧化以及光盘的高速旋转，都会对光盘的性能产生一定的影响，因此，应对光盘加以维护，主要体现在：

◆ 保持适宜的温度，光盘保存与使用的环境条件应同计算机房环境类似，环境温度以 20℃、湿度以 45% 为好。

◆ 变形后的光盘信息不能再现，在保管和使用中应加以注意。

◆ 在目前技术条件下，光盘还不能长期保存信息。为了保证光盘上信息输出的可靠性，须在 10 ~ 20 年内对其进行转录。

三、照片档案的管理

(一)照片档案概述

1. 照片档案的概念

照片档案是指国家机构、社会组织及个人在社会活动中直接形成的,具有保存价值的,以感光材料为载体,以影像为主要反映方式的一种专门档案。

2. 照片档案的成分

照片档案一般包括底片、照片和说明三部分,其具体情况如下:

◆ 根据照片档案管理要求,归档的底片均应附有一张照片,以便底片损坏或遗失时,可通过翻拍照片重新获得相应的底片。

◆ 由于照片在确切反映和说明某一事实方面具有一定的局限性,需要编制文字说明加以补充,其文字说明也是照片档案的重要组成部分。

3. 照片档案的种类

根据不同的角度,照片档案可以分为不同的种类:

◆ 按形成方式

照片档案可分为银盐感光材料照片档案(以静止摄影影像为主要反映方式的、有保存价值的历史记录)和数码照片档案(通过数码技术生成,以数字化静止摄影影像为主要反映方式的历史记录)两种类型。

◆ 按色彩划分

照片档案可以划分为黑白照片、单色照片、着色照片、彩色照片等。

◆ 按感光形式

照片档案可以划分为普通日光片、X 光片、超声波片、正片、负片、反转片等。

◆ 按片基材料划分

照片档案可以划分为普通相纸片、聚酯片、醋酸片、玻璃片等。

◆ 按照片的体裁

照片档案可分为艺术照片档案、新闻照片档案以及科技照片档案。

(二)照片档案的收集

1. 收集时间

对于照片档案的收集时间,主要可以从以下几个方面理解:

◆ 依照《中华人民共和国档案法实施办法》的规定,照片档案随立档单位其他载体形态的档案一起向有关档案馆移交。

◆ 对具有保存价值的照片,摄影者或承办单位应及时整理,定期向档案室移交。

◆ 档案馆应按收集范围随时征集对国家和社会具有保存价值的重要照片。

◆ 在特殊情况下,经同级档案行政管理部门同意可以提前或延迟移交。

2. 收集范围

照片档案的主要收集范围是：

◆ 记录本单位、本地区重要时间、重大事故、自然灾害及异常现象的照片。

◆ 记录本单位主要职能活动和重要工作成果的照片。

◆ 记录本地区地理概貌、城乡建设、重点工程、名胜古迹、自然风光以及民间风俗和著名人物的照片。

◆ 本单位组织或参加的重要外事活动的照片。

◆ 与本单位保存的其他载体档案有密切关系的照片。

◆ 反映本地区地理、古迹以及自然风光和民间习俗的照片。

◆ 其他具有保存价值的照片档案。

3. 收集方法

在收集照片档案的过程中，要遵循以下方法：

◆ 收集照片档案时，档案部门应遵循无偿接收与有偿征集相结合、接收征集历史照片与接收征集现实照片并重的原则。

◆ 积极、主动地与照片档案形成单位联系，宣传照片档案的重要性及有关照片档案归档的规定和要求，取得有关单位的协助与配合。

◆ 必要时，档案管理部门还可以直接参与重大活动、重要事件照片的拍摄与制作，完善照片档案的收集工作。

4. 收集要求

照片档案的收集也要按以下的各方面要求进行：

◆ 主要照片应具备主题鲜明、影像清晰、画面完整、未加修饰剪裁等特点。

◆ 应做好拟归档照片的鉴定工作。

◆ 反映同一内容的若干张照片，应选择主要照片归档。底片与照片影像应保持一致。

◆ 底片、照片、说明应完整归档。

◆ 没有底片的照片应制作翻拍底片；没有照片的底片应制作照片。

(三)照片档案的整理

1. 照片档案的整理要求

照片档案收集之后，就要进行整理，在整理时要遵循以下要求：

◆ 说明格式正确，项目齐全，能准确揭示照片内容，反映整理情况。

◆ 照片要组成案卷(保管单位)。

◆ 档号规范、准确、清晰，不得出现重编、漏编及空号现象。

◆ 案卷题名应概括案卷内全部照片的基本主题。

◆ 有完整的、符合标准格式的案卷目录。

◆ 案卷装订美观，要有卷内目录和卷内备考表。

2. 照片档案的整理方法

照片档案的整理在遵循有利于保持照片档案的有机联系、有利于保管与利用的原则下，还要遵循一定的方法：

(1)对照片档案进行分类和组卷

在对照片进行分类和组卷的过程中，要注意以下事项：

◆ 在一个单位内，照片应按年度结合问题进行分类。

◆ 分类应保持前后一致，不能随意变动。

◆ 根据分类情况和照片的规格、画面和说明的字数确定照片的固定位置，将照片与说明一起固定在芯页(规格为297 mm×210 mm)上，并组成案卷。

◆ 照片必须固定在芯页正面(装订线右侧)。

◆ 案卷内的芯页以30页左右为宜。

◆ 底片应与其他照片分开、分类，一个单位内的底片分成负片和反转片两种，单独进行整理编目。

◆ 大张照片、反转片应与其他照片一同组卷，单独存放，可以一张一卷，卷放于卷盒内，并在卷内目录的备考栏内注明。

(2)对照片档案进行编号

照片档案的编号，主要包括照片的编号和底片的编号，下面分别对其进行介绍：

① 照片的编号

◆ 含义

照片的编号一般是指普通相片的编号，照片档案按照片号排列上架。

◆ 照片号的组成

照片号是固定和反映每张照片在全宗内分类与排列顺序的一组字符代码，主要由全宗号、保管期限代码、册号、张号组成。

◆ 照片号的格式

照片号有两种格式：

格式一：全宗号—保管期限代码—册号—张号

格式二：全宗号—保管期限代码—张号

◆ 照片号的各组成部分

a. 全宗号即档案馆给立档单位编制的代号。

b. 保管期限代码分别用“1、2、3”或“Y、C、D”对应代表永久、长期、短期。

c. 册号指照片册在某一全宗某一保管期限内的顺序号。每种保管期限的照片册均从“1”号开始编顺序号。

d. 格式一中的张号是指照片在照片册内的顺序号，每本照相册内的照片均从“1”号开始编顺序号。

e. 格式二中的张号是指照片在某一全宗某一保管期限内照片的排序号，每种保管期限的照片均从“1”号开始编顺序号。

② 底片的编号

◆ 底片号的内涵

一般情况下，底片按底片号排列。底片号是固定和反映底片在全宗内排列顺序的一组字符代码，由全宗号、保管期限代码、张号组成，具体是指：

a. 全宗号即档案馆给立档单位编制的代号。

b. 保管期限代码分别用“1、2、3”或“Y、C、D”对应代表永久、长期、短期。

c. 张号指底片在某一全宗某一保管期限内的顺序号。每种保管期限的底片均从“1”号开始编顺序号。

◆ 底片号的放置

对于底片号的放置也要注意以下几点：

a. 底片放入底片袋内保管，一张一袋，并在底片袋的右上方标明底片号。

b. 底片号用铁笔横排刻写在胶片乳剂面片边处（刻写不下时，前段可不写），不得影响画面。

c. 底片号登录顺序应与照片号登录顺序保持一致。

d. 按底片号顺序将底片袋依次插入底片册。

底片册一般由 297 mm×210 mm 大小的若干芯页和封面、封底组成。芯页的插袋上应标明相同的底片号。

底片册内应设置册内备考表。册内备考表项目包括：本册情况说明、立册人、检查人、立册时间。册内备考表见图 5-4 所示。

底片册的封面应印制“底片册”字样。底片册册脊的项目包括：全宗号、保管期限、起止张号、册号。底片册册脊见图 5-5 所示。

底片册按照全宗号、保管期限、册号的顺序排列，上架保存。

图 5-4 册内备考表

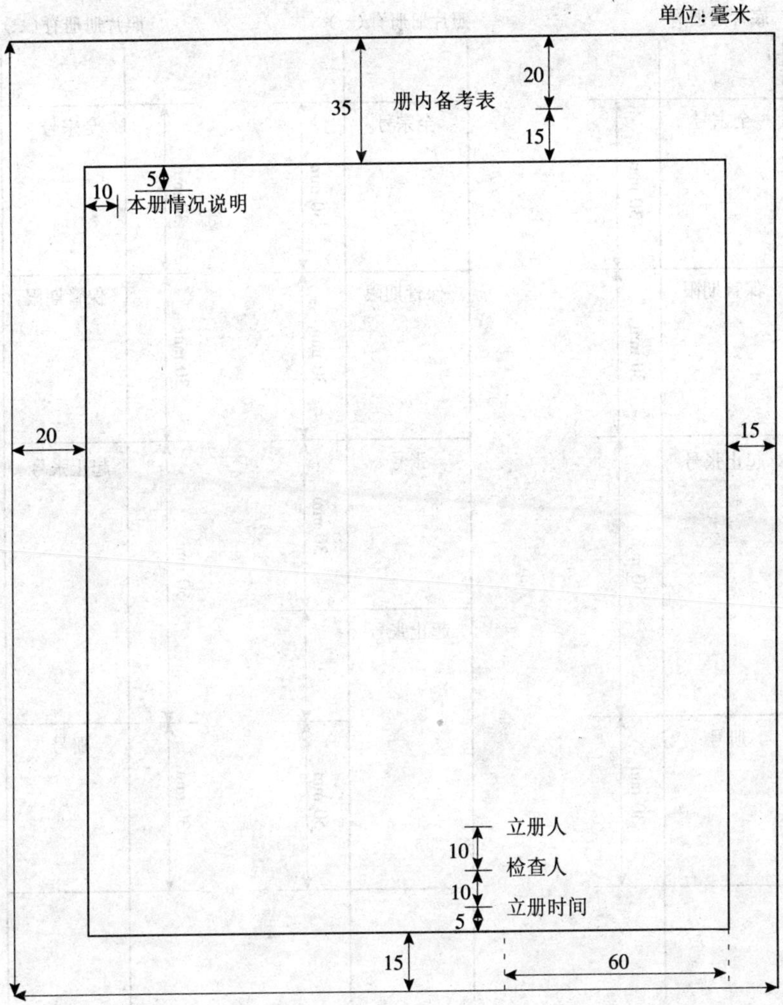

图 5-5　底片册册脊

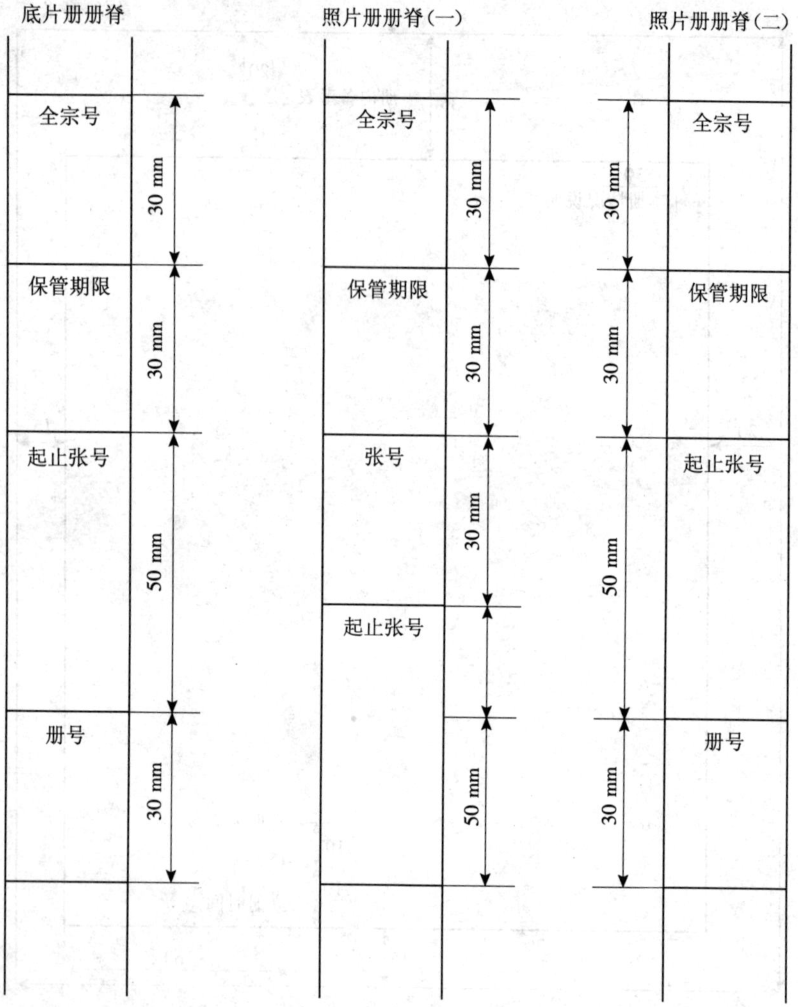

(3)填写照片档案卷内目录

照片档案卷内目录应以照片的自然张或有总说明的若干张为单元填写。照片档案卷内目录内容包括题名、照片号/底片号、拍摄时间和备注,具体是指:

◆ 题名

题名即照片名称,是对照片画面所反映内容的概括。

应在尽量保证内容完整的前提下,将文字说明改写成照片名称。照片名称一般不应超过 50 字。

◆ 照片号/底片号

照片号/底片号就是照片的档号和底片的流水顺序号。

◆ 拍摄时间

拍摄时间是指照片拍摄的日期，拍摄时间要标注准确。

◆ 备注

备注是指需要说明的事项。

(4)照片说明的编写

照片说明就是概括地揭示和解释照片的来源、内容、形式和整理情况等的一种文字材料。照片说明的填写分为单张照片和组合照片两种情况，下面分别对其进行介绍：

① 单张照片的说明

◆ 含义

单张照片的说明，可根据照片固定的位置，在照片的右侧、左侧或正下方书写，一般应采用横写格式，分段书写。

◆ 格式

单张照片的格式如下：

题名：

照片号：

底片号：

参见号：

时 间：

摄影者：

文字说明：

◆ 说明内容

单张照片格式中的各项内容如下：

a. 题名应简明概括、准确反映照片的基本内容，人物、时间、地点、事由等要素应尽可能填写齐全。

b. 摄影者一般填写个人，必要时可加写单位。

c. 文字说明应综合运用事由、时间、地点、人物、背景等要素，概括揭示照片影像所反映的全部信息；或仅对题名未及内容作出补充。

d. 照片的拍摄时间用 8 位阿拉伯数字表示，第 1—4 位表示年，第 5—6 位表示月，第 7—8 位表示日。

② 组合照片的说明

组合照片的说明主要包括以下几个方面：

◆ 组合照片说明可放在本组第一张照片的上方，也可放在本册所有照片之前。

◆ 组合照片说明应概括揭示该组照片所反映的全部信息内容及其他需要说明的事项，并指出所含照片的起止张号和数量。

◆ 同组中的每一张照片均应在单张照片说明的左上角或右上角标出组联符号。

组联符号按组依次采用“①”、“②”、“③”……同组中的照片其组联符号相同。如册内只有一组照片和其他散片时，组联符号采用“①”。组联符号不宜越册。

◆ 整理照片时因保管期限或密级的不同，有些同组的照片可能会被分散到不同的照片册内，应在组合照片说明中指出这些密切相关照片的保管期限、册号和组号。

（四）照片档案的利用

照片档案的利用方式主要有以下几种：

1. 借阅

（1）含义及对象

借阅即为满足利用者需要，直接向利用者提供档案借阅服务。这种方式服务的主要对象是本单位行政与业务人员。

（2）注意事项

借阅的过程中要注意以下事项：

◆ 由于所借照片主要用于制作音像制品、宣传资料等，对照片质量的要求比较高，需要直接借阅照片档案原件。

◆ 照片原件的外借应严格履行批准制度和借阅手续，并注意及时催还。

◆ 底片一般不外借，确有需要借用的，可提供拷贝片借阅，母片一律不外借。

2. 展览

展览即利用馆藏照片档案举办各种专题图片展，包括网上展览，充分发挥照片档案存史育人的重要功能。

3. 复制

◆ 含义

复制即根据利用者需要，采用复印、扫描、翻拍等方式，为用户提供照片档案复制件。

◆ 特点

这种方式既有利于保护档案原件，又可提高照片档案的利用率，是目前档案部门开展照片档案利用服务的主要方式。

总之，各单位档案部门应配备必要的复制设备，不断提高照片档案复制件的质量，改进服务手段。

4. 编辑出版画册

编辑出版画册即利用馆藏中反映本单位某一时期、某一方面工作的照片编辑出版宣传画册，主动、系统地为本单位和社会各方面工作提供照片档案，扩大照片档案的利用范围。

(五)照片档案的保管

对于照片档案的保管,主要包括以下内容:

1. 对存放环境的要求

推荐的照片档案存贮最高温度和相对湿度见表5-6。

表5-6　推荐的存贮最高温度和相对湿度

类型	中期贮存		长期贮存	
	最高温度/℃	相对湿度/%	最高温度/℃	相对湿度/%
黑白底片	25	20 - 50	21 15 10	20 - 30 20 - 40 20 - 50
彩色底片	25	20 - 50	2 -3 -10	20 - 30 20 - 40 20 - 50
黑白照片	25	20 - 50	18	30 - 50
彩色照片	25	20 - 50	2	30 - 40

注:1. 中期贮存是指胶片、照片在表中规定的温、湿度条件下至少能保存10年。长期贮存是指胶片、照片在表中规定的温、湿度条件下至少能保存100年。

2. 推荐值内较低的温度、湿度环境,更能延长胶片、照片的寿命。

2. 对包装材料及装具的要求

对包装材料及装具的具体要求如下:

◆ 底片袋应使用表面略微粗糙和无光泽的中性偏碱性纸质材料制作,其pH值应在7.2~9.5之间,α-纤维素含量应高于87%,使用中性胶粘剂,接缝应在袋边。

◆ 底片册、照片册所用封面、封底、芯页均应采用中性偏碱性纸质材料制作,其pH值应在7.2~9.5之间,化学性能稳定,且不易产生碎屑或脱落的纤维。

◆ 底片、照片应放入存储柜、抽屉、有门的书架或文件架内。

◆ 贮存柜架应采用不可燃、耐腐蚀的材料,避免使用木制及类似材料。

◆ 贮存柜架的喷涂用料应稳定耐用,且对贮存的底片、照片无有害影响。

第三节　计算机文档管理

随着计算机技术的飞速发展,计算机技术在档案工作中的应用范围越来越广泛,几乎覆盖了档案工作的全过程和大部分工作环节。

一、档案的自动检索

（一）概念理解

自动检索是通过查找机读档案目录，利用档号、题名、责任者、日期、分类号、主题词等检索标志，迅速、准确地查找出满足利用者要求的档案资料。

（二）自动检索的特点

自动检索具有以下特点：

◆ 自动检索和手工检索相比，具有检索速度快、检全率和检准率容易得到保证、线索形式灵活多样、能最大限度地满足利用者要求的优点。

◆ 同时，由于计算机自动检索要求档案数据必须规范，因而对档案管理基础工作提出了更高的要求。

二、计算机自动立卷

计算机以机读档案目录中每份文件的有关存录项为依据，将具有某方面共同点和联系密切的文件综合在一起组成案卷，并自动对同一卷的卷内文件进行排列和编号，打印出卷内文件目录和备考表，同时以统一的式样打印出案卷封面，这项工作称为计算机自动立卷。

计算机自动立卷，大大提高了立卷速度，案卷内目录和案卷封面格式统一，也节省了大量人力。

三、档案的自动编目

（一）概念理解

自动编目是计算机将收集到的档案著录信息制成档案机读目录数据库，按照不同的要求，编制出各种不同的档案检索工具，如全宗目录、分类目录、案卷目录、专题目录、作者目录等各种目录和索引。

（二）自动编目的特点

计算机编目速度快、项目全，深度和广度都比手工编目有所提高。

计算机编制的检索工具可以按卡片式或书本式等多种形式打印输出，并且可以多次重复输出，字体与格式都可以由用户自己选择，机编的目录更加规范化和标准化。

（三）自动编目的作用

自动编目的主要作用是在对档案机读目录处理的基础上实现定期或定任务自动编辑、公布档案目录，是档案部门依法管理和为用户批量查找档案的重要手段。

四、档案的自动借阅管理

（一）概念理解

自动借阅管理是对利用工作中涉及的利用登记、审批手续、检索、调卷、归档、利用情况统计等进行自动管理,并根据需要通过计算机审查借阅者的借阅资格,打印借阅清单,提供档案借出和归还的信息,可以完善借阅管理制度,提高工作效率。

(二)自动借阅管理的内容

计算机管理档案借阅工作主要有以下几个方面:

1. 借阅登记

档案的借阅一般有两种情况:

一种情况是利用者对原件进行复制获得想要得到的档案材料,这种情况比较简单,只需通过复印提供复印件即可。

另一种情况则是需要将档案原件借出,这种情况则比较复杂,要通过计算机进行登记,登记其借出日期,所借卷号、页数、借出理由等信息。

2. 归还登记

归还登记包括对归还档案案卷内文件的核查及注销登记,具体是指:

◆ 卷内文件的核查主要是对档案材料的完整性进行检查,包括文件的内容是否完整准确,载体材料是否有破损等。

◆ 当确认归还的档案材料确实完好无损时,可以通过计算机登记归还日期。

3. 用户资格验证

在档案提供利用之前,应按照一定规定对用户的借阅资格进行审查,以确定其是否有资格进行查阅,这项工作往往同计算机检索相结合,从用户的身份及其所需查阅的档案内容两方面综合考虑其查阅资格。

对于已办理借阅证的用户,则表现为对其借阅证的检查,确定是否有违章标志或限制其借阅的标志等。

五、档案自动标引

(一)含义理解

档案自动标引是指计算机通过对档案题名或全文信息进行字词切分、内容特征进行分析、提取及给出正式主题词或分类号的过程。它可以部分代替手工著录标引工作,提高工作效率,加快档案目标数据的建设。

(二)自动标引的特点

自动标引可以部分代替档案的手工著录标引工作,提高工作效率,加快档案目录数据库的建设。

但是,计算机标引的质量还存在不足,标引的准确率还有待提高。

六、档案的自动统计

(一)含义

自动统计是通过计算机对一些项目进行统计,如对馆藏数量进行统计、对档案利用情况进行统计等,迅速、准确地得到有关馆藏变化情况、档案利用情况的统计材料及各种报表材料。

(二)作用

对各种统计和报表材料的分析,可以帮助管理人员了解目前档案工作状况,了解档案的利用率和利用构成,预测某些档案未来的需求规律,总结档案工作的好坏和利害得失,同时对鉴定档案价值也有一定的参考作用。

七、档案资料的自动控制

档案的自动管理主要包括三个方面的内容,具体是指:

◆ 第一,对库存档案的管理,即对现存档案、调阅借出的档案、已归还的档案的情况进行管理,从而全面掌握库存档案的情况。

◆ 第二,计算机可以实现对档案保管环境的温度、湿度、防火、防盗等进行自动监测和管理。

◆ 第三,档案排架的自动管理,即对架位利用情况的自动管理,结合档案登记数据库的信息,给出库房架位分配图,掌握架位的利用情况及该架档案是否要超过保管期限等信息,提高其利用率。

◎ 本章小结

1. 电子文件是以数码形式存储,并通过计算机进行阅读、编辑处理,可在通信网络上传送的文件。

2. 电子文件具有非直读性、可共享复制和传递等特点。

3. 电子文件的收集与归档,归档、整理、保存利用,都存在一些新问题,要根据电子文件的特点,制定相关的法律,得到各级领导的重视。

4. 胶片档案大多是文书档案的复制品,多数情况下是人们为满足保护文书档案的需要,而将文书档案的内容复制到胶片上,成为胶片档案。

5. 录音、录像档案是利用电磁感应原理,把声音、图像转换成电信号,以电信号形成的磁场去磁化磁性介质,使信息存储于介质并能重放。

6. 随着新型载体档案的产生,就需要对新型载体档案进行必要的管理,主要体现在对磁性载体档案、光学性载体(光盘)的管理以及照片档案的管理等。

7. 随着计算机技术的飞速发展,计算机技术在档案工作中的应用范围越来越广泛,几乎覆盖了档案工作的全过程和大部分工作环节。但这是一种新技术,还需不断完善和提高。

◎ 练习题

1. 新型的非纸质文书档案主要有哪些种类?
2. 如何做好新型载体文书档案的保管与防护工作?
3. 什么是电子文件? 它有什么特点?
4. 电子文件的最大优、缺点有哪些?
5. 整理电子文件与整理纸质文件的最大区别是什么?
6. 完成电子文件的归档要注意哪些问题?
7. 如何理解计算机文档管理?

◎ 课后阅读

铁证如山

某省交通管理局局长刘某一向业绩不佳。因业务需要,经局党委讨论,计划动用1亿元左右的资金收购某招商股份公司。刘某作为单位领导,负责委托律师办理收购的具体事宜。

此时,刘某已年届59岁,面对巨款,心生贪欲。于是他找到律师宋某,嘱托他与该招商股份有限公司的董事长钱某密谋,降低出售价。刘某则与律师宋某伪造审计程序,虚增成本,动用9 980多万资金来收购招商股份有限公司。

而实际上,收购只花费了8 900万,另外1 000多万元公款则被转成大华股份公司的股票,这些股票被局长刘某、律师宋某、招商董事长钱某以4∶3∶3的比例瓜分了。

三人摇身一变,成了大华公司的幕后领导。

然而,法网恢恢,疏而不漏。根据群众举报,省纪检部门和交通主管部门迅速成立了专案调查小组。

经过查阅省交通管理局档案室、招商有限公司和大华股份有限公司保存的会计档案,终于弄清了事情真相。

刘某、宋某、钱某因贪赃枉法受到了应有的惩罚,非法所得全部充公。而刘某作为案件的主谋,也受到了法律的制裁。

收集档案不及时,损失土地50亩

某区直属机关于80年代初期,将一块面积近50亩的土地借给市某肉联厂。

随着事业的发展和员工的增加,90年代初该机关想收回借出的土地,但找遍了全机关的档案材料,就是找不到有关当时办理借地手续的文件材料。据机关的几位老同志回忆,当时将土地借给肉联厂时,有关材料保管在老局长手中。

时隔不久,老局长就调离了机关。由于当时机关档案室的工作人员没有及时收集这些文件材料,造成了档案的缺失。

由于该机关拿不出证据,肉联厂又不肯承认,因而,也就收不回那块借出去的土地。

该机关曾想借助法律,通过打官司的办法讨回,但苦于没有档案材料作为凭据,只好作罢。按当时土地市场价格估算,竟损失了几百万元!后来该区域又被划入全市经济开发区,土地价格还在不断增值!

附录

国家行政机关公文处理办法

（国务院国发(2000)23 号）

第一章　总　　则

第一条　为使国家行政机关(以下简称行政机关)的公文处理工作规范化、制度化、科学化,制定本办法。

第二条　行政机关的公文(包括电报,下同),是行政机关在行政管理过程中形成的具有法定效力和规范体式的文书,是依法行政和进行公务活动的重要工具。

第三条　公文处理指公文的办理、管理、整理(立卷)、归档等一系列相互关联、衔接有序的工作。

第四条　公文处理应当坚持实事求是、精简、高效的原则,做到及时、准确、安全。

第五条　公文处理必须严格执行国家保密法律、法规和其他有关规定,确保国家秘密的安全。

第六条　各级行政机关的负责人应当高度重视公文处理工作,模范遵守本办法并加强对本机关公文处理工作的领导和检查。

第七条　各级行政机关的办公厅(室)是公文处理的管理机构,主管本机关的公文处理工作并指导下级机关的公文处理工作。

第八条　各级行政机关的办公厅(室)应当设立文秘部门或者配备专职人员负责公文处理工作。

第二章　公文种类

第九条　行政机关的公文种类主要有:

(一)命令(令)

适用于依照有关法律公布行政法规和规章;宣布施行重大强制性行政措施;嘉奖有关单位及人员。

(二)决定

适用于对重要事项或者重大行动做出安排,奖惩有关单位及人员,变更或者撤销下级机关不适当的决定事项。

(三)公告

适用于向国内外宣布重要事项或者法定事项。

(四)通告

适用于公布社会各有关方面应当遵守或者周知的事项。

(五)通知

适用于批转下级机关的公文,转发上级机关和不相隶属机关的公文,传达要求下级机关办理和需要有关单位周知或者执行的事项,任免人员。

(六)通报

适用于表彰先进,批评错误,传达重要精神或者情况。

(七)议案

适用于各级人民政府按照法律程序向同级人民代表大会或人民代表大会常务委员会提请审议事项。

(八)报告

适用于向上级机关汇报工作,反映情况,答复上级机关的询问。

(九)请示

适用于向上级机关请求指示、批准。

(十)批复

适用于答复下级机关的请求事项。

(十一)意见

适用于对重要问题提出见解和处理办法。

(十二)函

适用于不相隶属机关之间商洽工作,询问和答复问题,请求批准和答复审批事项。

(十三)会议纪要

适用于记载、传达会议情况和议定事项。

第三章　公文格式

第十条　公文一般由秘密等级和保密期限、紧急程度、发文机关标识、发文字号、签发人、标题、主送机关、正文、附件说明、成文日期、印章、附注、附件、主题词、抄送机关、印发机关和印发日期等部分组成。

(一)涉及国家秘密的公文应当标明密级和保密期限,其中,“绝密”、“机密”级公文还应当标明份数序号。

(二)紧急公文应当根据紧急程度分别标明“特急”、“急件”。其中电报应当分别标明“特提”、“特急”、“加急”、“平急”。

(三)发文机关标识应当使用发文机关全称或者规范化简称;联合行文,主办机关排列在前。

（四）发文字号应当包括机关代字、年份、序号。联合行文，只标明主办机关发文字号。

（五）上行文应当注明签发人、会签人姓名。其中，“请示”应当在附注处注明联系人的姓名和电话。

（六）公文标题应当准确简要地概括公文的主要内容并标明公文种类，一般应当标明发文机关。公文标题中除法规、规章名称加书名号外，一般不用标点符号。

（七）主送机关指公文的主要受理机关，应当使用全称或者规范化简称、统称。

（八）公文如有附件，应当注明附件顺序和名称。

（九）公文除“会议纪要”和以电报形式发出的以外，应当加盖印章。联合上报的公文，由主办机关加盖印章；联合下发的公文，发文机关都应当加盖印章。

（十）成文日期以负责人签发的日期为准，联合行文以最后签发机关负责人的签发日期为准。电报以发出日期为准。

（十一）公文如有附注（需要说明的其他事项），应当加括号标注。

（十二）公文应当标注主题词。上行文按照上级机关的要求标注主题词。

（十三）抄送机关指除主送机关外需要执行或知晓公文的其他机关，应当使用全称或者规范化简称、统称。

（十四）文字从左至右横写、横排。在民族自治地方，可以并用汉字和通用的少数民族文字（按其习惯书写、排版）。

第十一条　公文中各组成部分的标识规则，参照《国家行政机关公文格式》国家标准执行。

第十二条　公文用纸一般采用国际标准 A4 型（210mm × 297mm），左侧装订。张贴的公文用纸大小，根据实际需要确定。

第四章　行文规则

第十三条　行文应当确有必要，注重效用。

第十四条　行文关系根据隶属关系和职权范围确定，一般不得越级请示和报告。

第十五条　政府各部门依据部门职权可以相互行文和向下一级政府的相关业务部门行文；除以函的形式商洽工作、询问和答复问题、审批事项外，一般不得向下一级政府正式行文。

部门内设机构除办公厅（室）外不得对外正式行文。

第十六条　同级政府、同级政府各部门、上级政府部门与下一级政府可以联合行文；政府与同级党委和军队机关可以联合行文；政府部门与相应的党组织和军队机关可以联合行文；政府部门与同级人民团体和具有行政职能的事业单位也可以联合行文。

第十七条　属于部门职权范围内的事务，应当由部门自行行文或联合行文。联合行文应当明确主办部门。须经政府审批的事项,经政府同意也可以由部门行文,文中应当注明经政府同意。

第十八条　属于主管部门职权范围内的具体问题,应当直接报送主管部门处理。

第十九条　部门之间对有关问题未经协商一致,不得各自向下行文。如擅自行文,上级机关应当责令纠正或撤销。

第二十条　向下级机关或者本系统的重要行文,应当同时抄送直接上级机关。

第二十一条　"请示"应当一文一事;一般只写一个主送机关,需要同时送其他机关的,应当用抄送形式,但不得抄送其下级机关。

"报告"不得夹带请示事项。

第二十二条　除上级机关负责人直接交办的事项外,不得以机关名义向上级机关负责人报送"请示"、"意见"和"报告"。

第二十三条　受双重领导的机关向上级机关行文,应当写明主送机关和抄送机关。上级机关向受双重领导的下级机关行文,必要时应当抄送其另一上级机关。

第五章　发文办理

第二十四条　发文办理指以本机关名义制定公文的过程,包括草拟、审核、签发、复核、缮印、用印、登记、分发等程序。

第二十五条　草拟公文应当做到:

(一)符合国家的法律、法规及其他有关规定。如提出新的政策、规定等,要切实可行并加以说明。

(二)情况确实,观点明确,表述准确,结构严谨,条理清楚,直述不曲,字词规范,标点正确,篇幅力求简短。

(三)公文的文种应当根据行文目的、发文机关的职权和与主送机关的行文关系确定。

(四)拟制紧急公文,应当体现紧急的原因,并根据实际需要确定紧急程度。

(五)人名、地名、数字、引文准确。引用公文应当先引标题,后引发文字号。引用外文应当注明中文含义。日期应当写明具体的年、月、日。

(六)结构层次序数,第一层为"一、",第二层为"(一)",第三层为"1.",第四层为"(1)"。

(七)应当使用国家法定计量单位。

(八)文内使用非规范化简称,应当先用全称并注明简称。使用国际组织外文名称或其缩写形式,应当在第一次出现时注明准确的中文译名。

(九)公文中的数字,除成文日期、部分结构层次序数和在词、词组、惯用语、缩略语、具有修辞色彩语句中作为词素的数字必须使用汉字外,应当使用阿拉伯数字。

第二十六条　拟制公文,对涉及其他部门职权范围内的事项,主办部门应当主动与有关部门协商,取得一致意见后方可行文;如有分歧,主办部门的主要负责人应当出面协调,仍不能取得一致时,主办部门可以列明各方理据,提出建设性意见,并与有关部门会签后报请上级机关协调或裁定。

第二十七条 公文送负责人签发前,应当由办公厅(室)进行审核。审核的重点是:是否确需行文,行文方式是否妥当,是否符合行文规则和拟制公文的有关要求,公文格式是否符合本办法的规定等。

第二十八条 以本机关名义制发的上行文,由主要负责人或者主持工作的负责人签发;以本机关名义制发的下行文或平行文,由主要负责人或者由主要负责人授权的其他负责人签发。

第二十九条 公文正式印制前,文秘部门应当进行复核,重点是:审批、签发手续是否完备,附件材料是否齐全,格式是否统一、规范等。

经复核需要对文稿进行实质性修改的,应按程序复审。

第六章 收文办理

第三十条 收文办理指对收到公文的办理过程,包括签收、登记、审核、拟办、批办、承办、催办等程序。

第三十一条 收到下级机关上报的需要办理的公文,文秘部门应当进行审核。审核的重点是:是否应由本机关办理;是否符合行文规则;内容是否符合国家法律、法规及其他有关规定;涉及其他部门或地区职权的事项是否已协商、会签;文种使用、公文格式是否规范。

第三十二条 经审核,对符合本办法规定的公文,文秘部门应当及时提出拟办意见送负责人批示或者交有关部门办理,需要两个以上部门办理的应当明确主办部门。紧急公文,应当明确办理时限。对不符合本办法规定的公文,经办公厅(室)负责人批准后,可以退回呈报单位并说明理由。

第三十三条 承办部门收到交办的公文后应当及时办理,不得延误、推诿。紧急公文应当按时限要求办理,确有困难的,应当及时予以说明。对不属于本单位职权范围或者不宜由本单位办理的,应当及时退回交办的文秘部门并说明理由。

第三十四条 收到上级机关下发或交办的公文,由文秘部门提出拟办意见,送负责人批示后办理。

第三十五条 公文办理中遇有涉及其他部门职权的事项,主办部门应当主动与有关部门协商;如有分歧,主办部门主要负责人要出面协调,如仍不能取得一致,可以报请上级机关协调或裁定。

第三十六条 审批公文时,对有具体请示事项的,主批人应当明确签署意见、姓名和审批日期,其他审批人圈阅视为同意;没有请示事项的,圈阅表示已阅知。

第三十七条 送负责人批示或者交有关部门办理的公文,文秘部门要负责催办,做到紧急公文跟踪催办，重要公文重点催办，一般公文定期催办。

第七章 公文归档

第三十八条 公文办理完毕后，应当根据《中华人民共和国档案法》和其他有关规定，及时整理（立卷）、归档。

个人不得保存应当归档的公文。

第三十九条 归档范围内的公文，应当根据其相互联系、特征和保存价值等整理（立卷），要保证归档公文的齐全、完整，能正确反映本机关的主要工作情况，便于保管和利用。

第四十条 联合办理的公文、原件由主办机关整理（立卷）、归档，其他机关保存复制件或其他形式的公文副本。

第四十一条 本机关负责人兼任其他机关职务，在履行所兼职务职责过程中形成的公文，由其兼职机关整理（立卷）、归档。

第四十二条 归档范围内的公文应当确定保管期限，按照有关规定定期向档案部门移交。

第四十三条 拟制、修改和签批公文，书写及所用纸张和字迹材料必须符合存档要求。

第八章 公文管理

第四十四条 公文由文秘部门或专职人员统一收发、审核、用印、归档和销毁。

第四十五条 文秘部门应当建立健全本机关公文处理的有关制度。

第四十六条 上级机关的公文，除绝密级和注明不准翻印的以外，下一级机关经负责人或者办公厅（室）主任批准，可以翻印。翻印时，应当注明翻印的机关、日期、份数和印发范围。

第四十七条 公开发布行政机关公文，必须经发文机关批准。经批准公开发布的公文，同发文机关正式印发的公文具有同等效力。

第四十八条 公文复印件作为正式公文使用时，应当加盖复印机关证明章。

第四十九条 公文被撤销，视作自始不产生效力；公文被废止，视作自废止之日起不产生效力。

第五十条 不具备归档和存查价值的公文，经过鉴别并经办公厅（室）负责人批准，可以销毁。

第五十一条 销毁秘密公文应当到指定场所由二人以上监销，保证不丢失、不漏销。其中，销毁绝密公文（含密码电报）应当进行登记。

第五十二条 机关合并时，全部公文应当随之合并管理。机关撤销时，需要归档的公文整理（立卷）后按有关规定移交档案部门。

工作人员调离工作岗位时，应当将本人暂存、借用的公文按照有关规定移交、清退。

第五十三条　密码电报的使用和管理，按照有关规定执行。

第九章　附则

第五十四条　行政法规、规章方面的公文，依照有关规定处理。外事方面的公文，按照外交部的有关规定处理。

第五十五条　公文处理中涉及电子文件的有关规定另行制定。统一规定发布之前，各级行政机关可以制定本机关或者本地区、本系统的试行规定。

第五十六条　各级行政机关的办公厅（室）对上级机关和本机关下发公文的贯彻落实情况应当进行督促检查并建立督查制度。有关规定另行制定。

第五十七条　本办法自2001年1月1日起施行。1993年11月21日国务院办公厅发布，1994年1月1日起施行的《国家行政机关公文处理办法》同时废止。

中华人民共和国档案法

（1987年9月5日第六届全国人民代表大会常务委员会第二十二次会议通过
根据1996年7月5日第八届全国人民代表大会常务委员会第二十次会议
《关于修改〈中华人民共和国档案法〉的决定》修正）

第一章　总　则

第一条　为了加强对档案的管理和收集、整理工作，有效地保护和利用档案，为社会主义现代化建设服务，制定本法。

第二条　本法所称的档案，是指过去和现在的国家机构、社会组织以及个人从事政治、军事、经济、科学、技术、文化、宗教等活动直接形成的对国家和社会有保存价值的各种文字、图表、声像等不同形式的历史记录。

第三条　一切国家机关、武装力量、政党、社会团体、企业事业单位和公民都有保护档案的义务。

第四条　各级人民政府应当加强对档案工作的领导，把档案事业的建设列入国民经济和社会发展计划。

第五条　档案工作实行统一领导、分级管理的原则，维护档案完整与安全，便于社会各方面的利用。

第二章　档案机构及其职责

第六条　国家档案行政管理部门主管全国档案事业，对全国的档案事业实行统筹规划，组织协调，统一制度，监督和指导。

县级以上地方各级人民政府的档案行政管理部门主管本行政区域内的档案事业，并对本行政区域内机关、团体、企业事业单位和其他组织的档案工作实行监督和指导。

乡、民族乡、镇人民政府应当指定人员负责保管本机关的档案，并对所属单位的档案工作实行监督和指导。

第七条　机关、团体、企业事业单位和其他组织的档案机构或者档案工作人员，负责保管本单位的档案，并对所属机构的档案工作实行监督和指导。

第八条　中央和县级以上地方各级各类档案馆，是集中管理档案的文化事业机构，负责接收、收集、整理、保管和提供利用各分管范围内的档案。

第九条　档案工作人员应当忠于职守，遵守纪律，具备专业知识。

在档案的收集、整理、保护和提供利用等方面成绩显著的单位或者个人，由各级人民政府给予奖励。

第三章　档案的管理

第十条　对国家规定的应当立卷归档的材料，必须按照规定，定期向本单位档案机构或者档案工作人员移交，集中管理，任何个人不得据为己有。

国家规定不得归档的材料，禁止擅自归档。

第十一条　机关、团体、企业事业单位和其他组织必须按照国家规定，定期向档案馆移交档案。

第十二条　博物馆、图书馆、纪念馆等单位保存的文物、图书资料同时是档案的，可以按照法律和行政法规的规定，由上述单位自行管理。

档案馆与上述单位应当在档案的利用方面互相协作。

第十三条　各级各类档案馆，机关、团体、企业事业单位和其他组织的档案机构，应当建立科学的管理制度，便于对档案的利用；配置必要的设施，确保档案的安全；采用先进技术，实现档案管理的现代化。

第十四条　保密档案的管理和利用，密级的变更和解密，必须按照国家有关保密的法律和行政法规的规定办理。

第十五条　鉴定档案保存价值的原则、保管期限的标准以及销毁档案的程序和办法，由国家档案行政管理部门制定，禁止擅自销毁档案。

第十六条　集体所有的和个人所有的对国家和社会具有保存价值的或者应当保密的档案，档案所有者应当妥善保管。对于保管条件恶劣或者其他原因被认为可能导致档案严重损毁和不安全的，国家档案行政管理部门有权采取代为保管等确保档案完整和安全的措施；必要时，可以收购或者征购。

前款所列档案，档案所有者可以向国家档案馆寄存或者出卖；向国家档案馆以外的任何单位或者个人出卖的，应当按照有关规定由县级以上人民政府档案行政管理部门批准。严禁倒卖牟利，严禁卖给或者赠送给外国人。

向国家捐赠档案的，档案馆应当予以奖励。

第十七条　禁止出卖属于国家所有的档案。

国有企业事业单位资产转让时，转让有关档案的具体办法由国家档案行政管理部门制定。

档案复制件的交换、转让和出卖，按照国家规定办理。

第十八条　属于国家所有的档案和本法第十六条规定的档案以及这些档案的复制件，禁止私自携运出境。

第四章　档案的利用和公布

第十九条　国家档案馆保管的档案，一般应当自形成之日起满三十年向社会开放。经济、科学、技术、文化等类档案向社会开放的期限，可以少于三十年，涉及国家安全或者重大利益以及其他到期不宜开放的档案向社会开放的期限，可以多于三十年，具体期限由国家档案行政管理部门制订，报国务院批准施行。

档案馆应当定期公布开放档案的目录，并为档案的利用创造条件，简化手续，提供方便。中华人民共和国公民和组织持有合法证明，可以利用已经开放的档案。

第二十条　机关、团体、企业事业单位和其他组织以及公民根据经济建设、国防建设、教学科研和其他各项工作的需要，可以按照有关规定，利用档案馆未开放的档案以及有关机关、团体、企业事业单位和其他组织保存的档案。

利用未开放档案的办法，由国家档案行政管理部门和有关主管部门规定。

第二十一条　向档案馆移交、捐赠、寄存档案的单位和个人，对其档案享有优先利用权，并可对其档案中不宜向社会开放的部分提出限制利用的意见，档案馆应当维护他们的合法权益。

第二十二条　属于国家所有的档案，由国家授权的档案馆或者有关机关公布；未经档案馆或者有关机关同意，任何组织和个人无权公布。

集体所有的和个人所有的档案，档案的所有者有权公布，但必须遵守国家有关规定，不得损害国家安全和利益，不得侵犯他人的合法权益。

第二十三条　各级各类档案馆应当配备研究人员，加强对档案的研究整理，有计划地组织编辑出版档案材料，在不同范围内发行。

第五章　法律责任

第二十四条　有下列行为之一的，由县级以上人民政府档案行政管理部门、有关主管部门对直接负责的主管人员或者其他直接责任人员依法给予行政处分；构成犯罪的，依法追究刑事责任：

（一）损毁、丢失属于国家所有的档案的；

（二）擅自提供、抄录、公布、销毁属于国家所有的档案的；

（三）涂改、伪造档案的；

（四）违反本法第十六条、第十七条规定，擅自出卖或者转让档案的；

（五）倒卖档案牟利或者将档案卖给、赠送给外国人的；

（六）违反本法第十条、第十一条规定，不按规定归档或者不按期移交档案的；

（七）明知所保存的档案面临危险而不采取措施，造成档案损失的；

（八）档案工作人员玩忽职守，造成档案损失的。

在利用档案馆的档案中，有前款第一项、第二项、第三项违法行为的，由县级以上人民政府档案行政管理部门给予警告，可以并处罚款；造成损失的，责令赔偿损失。

企业事业组织或者个人有第一款第四项、第五项违法行为的，由县级以上人民政府档案行政管理部门给予警告，可以并处罚款；有违法所得的，没收违法所得；并可以依照本法第十六条的规定征购所出卖或者赠送的档案。

第二十五条　携运禁止出境的档案或者其复制件出境的，由海关予以没收，可以并处罚款；并将没收的档案或者其复制件移交档案行政管理部门；构成犯罪的，依法追究刑事责任。

第六章　附　则

第二十六条　本法实施办法，由国家档案行政管理部门制定，报国务院批准后施行。

第二十七条　本法自 1988 年 1 月 1 日起施行。

中华人民共和国档案法实施办法

（1999 年 5 月 5 日国务院批准
1999 年 6 月 7 日国家档案局令第 5 号发布）

第一章　总　则

第一条　根据《中华人民共和国档案法》（以下简称《档案法》）的规定，制定本办法。

第二条　《档案法》第二条所称对国家和社会有保存价值的档案，属于国家所有的，由国家档案局会同国家有关部门确定具体范围；属于集体所有、个人所有以及其他不属于国家所有的，由省、自治区、直辖市人民政府档案行政管理部门征得国家档案局同意后确定具体范围。

第三条　各级国家档案馆馆藏的永久保管档案分一、二、三级管理，分级的具体标准和管理办法由国家档案局制定。

第四条 国务院各部门经国家档案局同意，省、自治区、直辖市人民政府各部门经本级人民政府档案行政管理部门同意，可以制定本系统专业档案的具体管理制度和办法。

第五条 县级以上各级人民政府应当加强对档案工作的领导，把档案事业建设列入本级国民经济和社会发展计划，建立、健全档案机构，确定必要的人员编制，统筹安排发展档案事业所需经费。

机关、团体、企业事业单位和其他组织应当加强对本单位档案工作的领导，保障档案工作依法开展。

第六条 有下列事迹之一的，由人民政府、档案行政管理部门或者本单位给予奖励：

（一）对档案的收集、整理、提供利用做出显著成绩的；

（二）对档案的保护和现代化管理做出显著成绩的；

（三）对档案学研究做出重要贡献的；

（四）将重要的或者珍贵的档案捐赠给国家的；

（五）同违反档案法律、法规的行为作斗争，表现突出的。

第二章 档案机构及其职责

第七条 国家档案局依照《档案法》第六条第一款的规定，履行下列职责：

（一）根据有关法律、行政法规和国家有关方针政策，研究、制定档案工作规章制度和具体方针政策；

（二）组织协调全国档案事业的发展，制定发展档案事业的综合规划和专项计划，并组织实施；

（三）对有关法律、法规和国家有关方针政策的实施情况进行监督检查，依法查处档案违法行为；

（四）对中央和国家机关各部门、国务院直属企业事业单位以及依照国家有关规定不属于登记范围的全国性社会团体的档案工作，中央级国家档案馆的工作，以及省、自治区、直辖市人民政府档案行政管理部门的工作，实施监督、指导；

（五）组织、指导档案理论与科学技术研究、档案宣传与档案教育、档案工作人员培训；

（六）组织、开展档案工作的国际交流活动。

第八条 县级以上地方各级人民政府档案行政管理部门依照《档案法》第六条第二款的规定，履行下列职责：

（一）贯彻执行有关法律、法规和国家有关方针政策；

（二）制定本行政区域内的档案事业发展计划和档案工作规章制度，并组织实施；

（三）监督、指导本行政区域内的档案工作，依法查处档案违法行为；

（四）组织、指导本行政区域内档案理论与科学技术研究、档案宣传与档案教育、档案工作人员培训。

第九条　机关、团体、企业事业单位和其他组织的档案机构依照《档案法》第七条的规定，履行下列职责：

（一）贯彻执行有关法律、法规和国家有关方针政策，建立、健全本单位的档案工作规章制度；

（二）指导本单位文件、资料的形成、积累和归档工作；

（三）统一管理本单位的档案，并按照规定向有关档案馆移交档案；

（四）监督、指导所属机构的档案工作。

第十条　中央和地方各级国家档案馆，是集中保存、管理档案的文化事业机构，依照《档案法》第八条的规定，承担下列工作任务：

（一）收集和接收本馆保管范围内对国家和社会有保存价值的档案；

（二）对所保存的档案严格按照规定整理和保管；

（三）采取各种形式开发档案资源，为社会利用档案资源提供服务。

按照国家有关规定，经批准成立的其他各类档案馆，根据需要，可以承担前款规定的工作任务。

第十一条　全国档案馆的设置原则和布局方案，由国家档案局制定，报国务院批准后实施。

第三章　档案的管理

第十二条　按照国家档案局关于文件材料归档的规定，应当立卷归档的材料由单位的文书或者业务机构收集齐全，并进行整理、立卷，定期交本单位档案机构或者档案工作人员集中管理；任何人都不得据为已有或者拒绝归档。

第十三条　机关、团体、企业事业单位和其他组织，应当按照国家档案局关于档案移交的规定，定期向有关的国家档案馆移交档案。

属于中央级和省级、设区的市级国家档案馆接收范围的档案，立档单位应当自档案形成之日起满 20 年即向有关的国家档案馆移交；属于县级国家档案馆接收范围的档案，立档单位应当自档案形成之日起满 10 年即向有关的县级国家档案馆移交。

经同级档案行政管理部门检查和同意，专业性较强或者需要保密的档案，可以延长向有关档案馆移交的期限；已撤销单位的档案或者由于保管条件恶劣可能导致不安全或者严重损毁的档案，可以提前向有关档案馆移交。

第十四条　既是文物、图书资料又是档案的，档案馆可以与博物馆、图书馆、纪念馆等单位相互交换重复件、复制件或者目录，联合举办展览，共同编辑出版有关史料或者进行史料研究。

第十五条　各级国家档案馆应当对所保管的档案采取下列管理措施：

（一）建立科学的管理制度，逐步实现保管的规范化、标准化；

（二）配置适宜安全保存档案的专门库房，配备防盗、防火、防渍、防有害生物的必要设施；

（三）根据档案的不同等级，采取有效措施，加以保护和管理；

（四）根据需要和可能，配备适应档案现代化管理需要的技术设备。

机关、团体、企业事业单位和其他组织的档案保管，根据需要，参照前款规定办理。

第十六条 《档案法》第十四条所称保密档案密级的变更和解密，依照《中华人民共和国保守国家秘密法》及其实施办法的规定办理。

第十七条 属于集体所有、个人所有以及其他不属于国家所有的对国家和社会具有保存价值的或者应当保密的档案，档案所有者可以向各级国家档案馆寄存、捐赠或者出卖。向各级国家档案馆以外的任何单位或者个人出卖、转让或者赠送的，必须报经县级以上人民政府档案行政管理部门批准；严禁向外国人和外国组织出卖或者赠送。

第十八条 属于国家所有的档案，任何组织和个人都不得出卖。

国有企业事业单位因资产转让需要转让有关档案的，按照国家有关规定办理。

各级各类档案馆以及机关、团体、企业事业单位和其他组织为了收集、交换中国散失在国外的档案、进行国际文化交流，以及适应经济建设、科学研究和科技成果推广等的需要，经国家档案局或者省、自治区、直辖市人民政府档案行政管理部门依据职权审查批准，可以向国内外的单位或者个人赠送、交换、出卖档案的复制件。

第十九条 各级国家档案馆馆藏的一级档案严禁出境。

各级国家档案馆馆藏的二级档案需要出境的，必须经国家档案局审查批准。各级国家档案馆馆藏的三级档案、各级国家档案馆馆藏的一、二、三级档案以外的属于国家所有的档案和属于集体所有、个人所有以及其他不属于国家所有的对国家和社会具有保存价值的或者应当保密的档案及其复制件，各级国家档案馆以及机关、团体、企业事业单位、其他组织和个人需要携带、运输或者邮寄出境的，必须经省、自治区、直辖市人民政府档案行政管理部门审查批准，海关凭批准文件查验放行。

第四章 档案的利用和公布

第二十条 各级国家档案馆保管的档案应当按照《档案法》的有关规定，分期分批地向社会开放，并同时公布开放档案的目录。档案开放的起始时间：

（一）中华人民共和国成立以前的档案（包括清代和清代以前的档案；民国时期的档案和革命历史档案），自本办法实施之日起向社会开放；

（二）中华人民共和国成立以来形成的档案，自形成之日起满30年向社会开放；

（三）经济、科学、技术、文化等类档案，可以随时向社会开放。

前款所列档案中涉及国防、外交、公安、国家安全等国家重大利益的档案，以及其他虽自形成之日起已满30年但档案馆认为到期仍不宜开放的档案，经上一级档案行政管理部门批准，可以延期向社会开放。

第二十一条　各级各类档案馆提供社会利用的档案，应当逐步实现以缩微品代替原件。档案缩微品和其他复制形式的档案载有档案收藏单位法定代表人的签名或者印章标记的，具有与档案原件同等的效力。

第二十二条　《档案法》所称档案的利用，是指对档案的阅览、复制和摘录。

中华人民共和国公民和组织，持有介绍信或者工作证、身份证等合法证明，可以利用已开放的档案。

外国人或者外国组织利用中国已开放的档案，须经中国有关主管部门介绍以及保存该档案的档案馆同意。

机关、团体、企业事业单位和其他组织以及中国公民利用档案馆保存的未开放的档案，须经保存该档案的档案馆同意，必要时还须经有关的档案行政管理部门审查同意。

机关、团体、企业事业单位和其他组织的档案机构保存的尚未向档案馆移交的档案，其他机关、团体、企业事业单位和组织以及中国公民需要利用的，须经档案保存单位同意。

各级各类档案馆应当为社会利用档案创造便利条件。提供社会利用的档案，可以按照规定收取费用。收费标准由国家档案局会同国务院价格管理部门制定。

第二十三条　《档案法》第二十二条所称档案的公布，是指通过下列形式首次向社会公开档案的全部或者部分原文，或者档案记载的特定内容：

（一）通过报纸、刊物、图书、声像、电子等出版物发表；

（二）通过电台、电视台播放；

（三）通过公众计算机信息网络传播；

（四）在公开场合宣读、播放；

（五）出版发行档案史料、资料的全文或者摘录汇编；

（六）公开出售、散发或者张贴档案复制件；

（七）展览、公开陈列档案或者其复制件。

第二十四条　公布属于国家所有的档案，按照下列规定办理：

（一）保存在档案馆的，由档案馆公布；必要时，应当征得档案形成单位同意或者报经档案形成单位的上级主管机关同意后公布；

（二）保存在各单位档案机构的，由各该单位公布；必要时，应当报经其上级主管机关同意后公布；

（三）利用属于国家所有的档案的单位和个人，未经档案馆、档案保存单位同意或者前两项所列主管机关的授权或者批准，均无权公布档案。

属于集体所有、个人所有以及其他不属于国家所有的对国家和社会具有保存价值的档案，其所有者向社会公布时，应当遵守国家有关保密的规定，不得损害国家的、社会的、集体的和其他公民的利益。

第二十五条　各级国家档案馆对寄存档案的公布和利用，应当征得档案所有者同意。

第二十六条　利用、公布档案，不得违反国家有关知识产权保护的法律规定。

第五章　罚　则

第二十七条　有下列行为之一的，由县级以上人民政府档案行政管理部门责令限期改正；情节严重的，对直接负责的主管人员或者其他直接责任人员依法给予行政处分：

（一）将公务活动中形成的应当归档的文件、资料据为己有，拒绝交档案机构、档案工作人员归档的；

（二）拒不按照国家规定向国家档案馆移交档案的；

（三）违反国家规定擅自扩大或者缩小档案接收范围的；

（四）不按照国家规定开放档案的；

（五）明知所保存的档案面临危险而不采取措施，造成档案损失的；

（六）档案工作人员、对档案工作负有领导责任的人员玩忽职守，造成档案损失的。

第二十八条　《档案法》第二十四条第二款、第三款规定的罚款数额，根据有关档案的价值和数量，对单位为 1 万元以上 10 万元以下，对个人为 500 元以上 5 000 元以下。

第二十九条　违反《档案法》和本办法，造成档案损失的，由县级以上人民政府档案行政管理部门、有关主管部门根据损失档案的价值，责令赔偿损失。

第六章　附　则

第三十条　中国人民解放军的档案工作，根据《档案法》和本办法确定的原则管理。

第三十一条　本办法自发布之日起施行。

中华人民共和国档案行业标准

——归档文件整理规则

DA/T 22－2000

归档文件整理规则

The Arrangement Ruled Filing Documents

1　范围

本标准规定了归档文件整理的原则和方法。

本标准适用于各级机关、团体和其他社会组织。

2　定义

本标准采用下列定义。

2.1　归档文件

立档单位在其职能活动中形成的、办理完毕、应作为文书档案保存的各种纸质文件材料。

2.2　归档文件整理

将归档文件以件为单位进行装订、分类、排列、编号、编目、装盒，使之有序化的过程。

2.3　件

归档文件的整理单位。一般以每份文件为一件，文件正本与定稿为一件，正文与附件为一件，原件与复制件为一件，转发文与被转发文为一件，报表、名册、图册等一册（本）为一件，来文与复文可为一件。

3　整理原则

遵循文件的形成规律，保持文件之间的有机联系，区分不同价值，便于保管和利用。

4　质量要求

4.1　归档文件应齐全完整。已破损的文件应予修整；字迹模糊或易褪变的文件应予复制。

4.2　整理归档文件所使用的书写材料、纸张、装订材料等应符合档案保护要求。

5　整理方法

5.1　装订

归档文件应按件装订。装订时，正本在前，定稿在后；正文在前，附件在后；原件在前，复制件在后；转发文在前，被转发文在后；来文与复文作为一件时，复文在前，来文在后。

5.2　分类

归档文件可以采用年度—机构（问题）—保管期限或保管期限—年度—机构（问题）等方法进行分类。同一全宗应保持分类方案的稳定。

5.2.1　按年度分类

将文件按其形成年度分类。

5.2.2　按保管期限分类

将文件按划定的保管期限分类。

5.2.3　按机构（问题）分类

将文件按其形成或承办机构（问题）分类（本项可以视情况予以取舍）。

5.3　排列

归档文件应在分类方案的最低一级类目内，按事由结合时间、重要程度等排列。会议文件、统计报表等成套性文件可集中排列。

5.4　编号

归档文件应依分类方案和排列顺序逐件编号，在文件首页上端的空白位置加盖归档章并填写相关内容，归档章设置全宗号、年度、保管期限、件号等必备项，并可设置机构（问题）

等选择项(见图 A1。图例中“ * ”号栏为选择项,不选用时无须设置。以下同)。

5.4.1 全宗号:档案馆给立档单位编制的代号。

5.4.2 年度:文件形成年度,以四位阿拉伯数字标注公元纪年,如1978。

5.4.3 保管期限:归档文件保管期限的简称或代码。

5.4.4 件号:文件的排列顺序号。

件号包括室编件号和馆编件号,分别在归档文件整理和档案移交进馆时编制。室编件号的编制方法为:在分类方案的最低一级类目内,按文件排列顺序从“1”开始标注。馆编件号按进馆要求标注。

5.4.5 机构(问题):作为分类方案类目的机构(问题)名称或规范化简称。

5.5 编号

归档文件应依据分类方案和室编件号顺序编制归档文件目录。

5.5.1 归档文件应逐件编入目录。来文与复文作为一件时,只对复文进行编目。归档文件目录设置件号、责任者、文号、题名、日期、页数、备注等项目(见图 A2)。

5.5.1.1 件号:填写室编件号。

5.5.1.2 责任者:制发文件的组织或个人,即文件的发文机关和署名者。

5.5.1.3 文号:文件的发文字号。

5.5.1.4 题名:文件标题。没有标题或标题不规范的,可自拟标题,外加“[ ]”号。

5.5.1.5 日期:文件的形成时间,以 8 位阿拉伯数字标注年月日,如19990909。

5.5.1.6 页数:每一件归档文件的页数。文件中有图文的页面为一页。

5.5.1.7 备注:注释文件需说明的情况。

5.5.2 归档文件目录用纸幅面尺寸采用国际标准 A4 型(长×宽为 297 mm×210 mm)。

5.5.3 归档文件目录应装订成册并编制封面。归档文件目录封面可以视需要设置全宗名称、年度、保管期限、机构(问题)等项目(见图 A3)。其中全宗名称即立档单位名称,填写时应使用全称或规范化简称。

5.6 装盒

将归档文件按室编件号顺序装入档案盒,并填写档案盒封面、盒脊及备考表项目。

5.6.1 档案盒

5.6.1.1 档案盒封面应标明全宗名称。档案盒外形尺寸为 310 mm×220 mm(长×宽),盒脊厚度可以根据需要设置为 20 mm、30 mm、40 mm 等(见图 A4)。

5.6.1.2 档案盒应根据摆放方式的不同,在盒脊或底边设置全宗号、年度、保管期限、起止件号、盒号等必备项,并可设置机构(问题)等选择项(见图 A4b 图 A4c)。其中,起止件号填写盒内第一件文件和最后一件文件的件号,中间用“—”号连接;盒号即档案盒的排列序号,在档案移交进馆时按进馆要求编制。

5.6.1.3　档案盒应采用无酸纸制作。

5.6.2　备考表

备考表项目包括盒内文件情况说明、整理人、检查人和日期(见图 A5),置于盒内文件之后。

5.6.2.1　盒内文件情况说明:填写盒内文件缺损、修改、补充、移出、销毁等情况。

5.6.2.2　整理人:负责整理归档文件的人员姓名。

5.6.2.3　检查人:负责检查归档文件整理质量的人员姓名。

5.6.2.4　日期:归档文件整理完毕的日期。

附图:

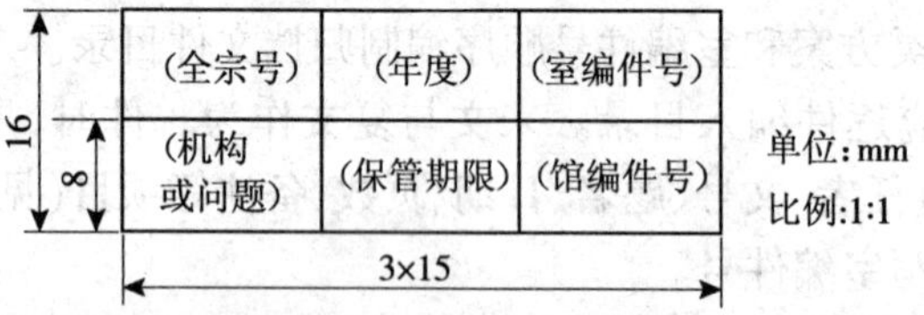

注:标有“＊”号的为选择项,下同。

图 A1　归档章式样

归档文件目录

编号	责任者	文号	题名	日期	页数	备注

图 A2　归档文件目录式样

归档文件目录

＊全宗名称________

＊年　　度________

＊保管期限________

＊机　　构(问题)________

图 A3　归档文件目录封面式样

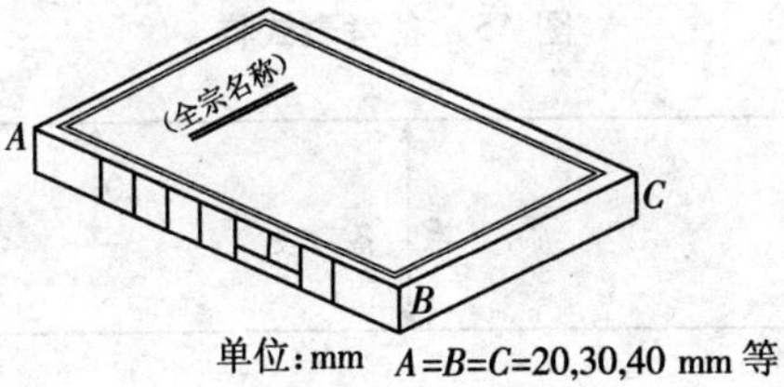

图 A4 档案盒封面式样及规格

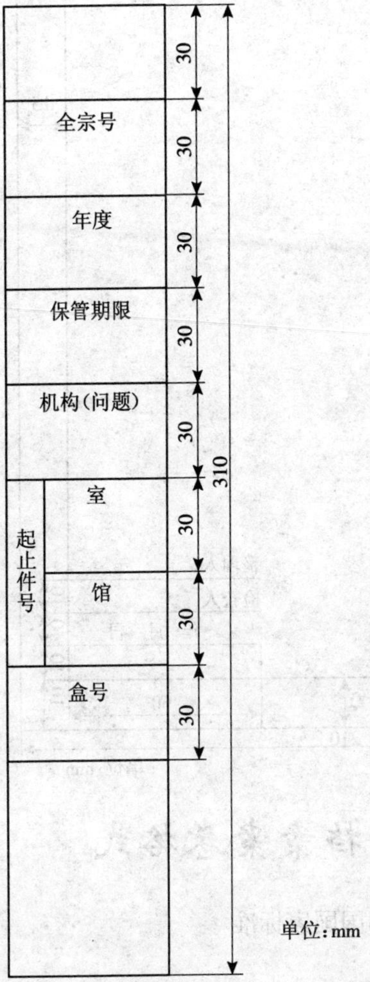

图 A4b 档案盒盒脊式样

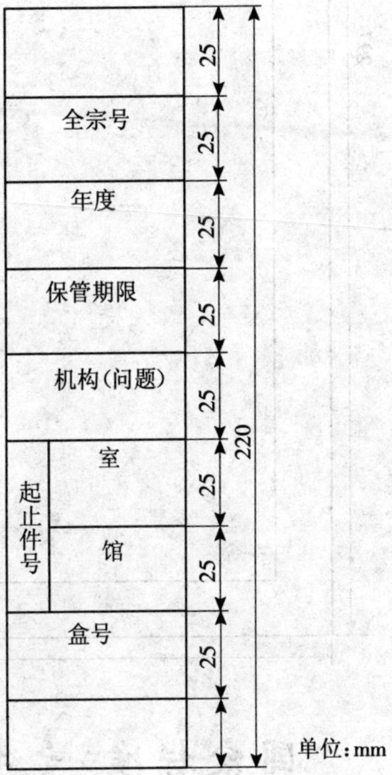

图 A4c 档案盒底边式样

图 A5　备考表式样

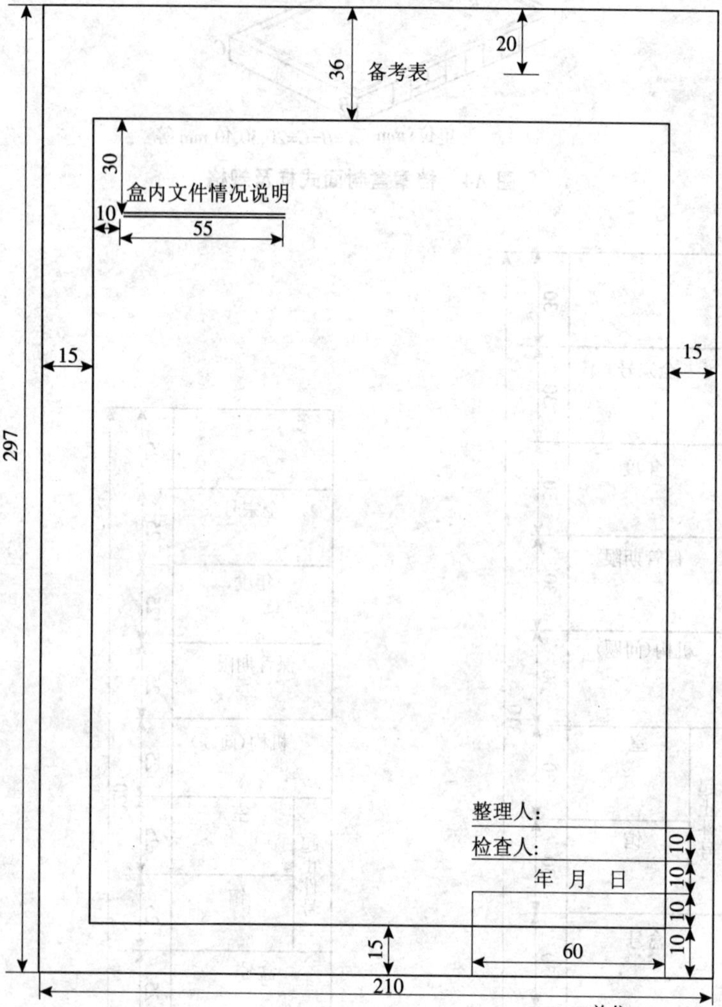

单位:mm

国家标准:文书档案案卷格式

中华人民共和国国家标准

文书档案案卷格式

The Filing Forms of Administrative Records

1　适用范围

本标准适用于我国各级档案馆(室)和文书处理部门。

2　**案卷卷皮格式**

文书档案案卷卷皮分两种，一种是硬卷皮，一种是软卷皮。

2.1　硬卷皮格式

2.1.1　硬卷皮外形尺寸

封面尺寸规格采用 300 mm×220 mm 或 280 mm×210 mm(长×宽)。

封底尺寸同封面尺寸。

封底三边(上、下、翻口处)要另有 70 mm 宽的折叠纸舌。

卷脊可根据需要分别设 10、15、20mm 三种厚度。

用于成卷装订的卷皮，上、下侧装订处要各有 20 mm 宽的装订纸舌。

本标准推荐使用 250 克牛皮纸制作案卷硬卷皮。

2.1.2　案卷封面项目

封面项目包括：全宗名称、类目名称、案卷题名、时间、保管期限、件、页数、归档号、档号。各项目具体位置、尺寸。

2.1.3　封面项目的填写方法

2.1.3.1　全宗名称：

全宗名称相同于立档单位的名称。填写全宗名称必须用全称或通用简称。如"中国共产党中央委员会"简称为"中共中央"；"中华人民共和国外交部"简称为"外交部"；"河北省人民政府人事局"简称为"河北省人事局"。不得简称为"本部"、"本委"、"本省人事局"。

2.1.3.2　类目名称：

类目名称指全宗内分类方案的第一级类目名称。在一个全宗内应按统一的方案分类，并应保持分类体系的稳定性。

2.1.3.3　案卷题名：

案卷题名即案卷标题，一般由立卷人自拟。案卷题名应当准确概括本卷文件的主要制发机关、内容、文种。文字应力求简练、明确。

2.1.3.4　时间：卷内文件所属的起止年月。

2.1.3.5　保管期限：立卷时划定的案卷保管期限，一般由立卷人填写。

2.1.3.6　件、页数：装订的案卷要填写总页数，不装订的案卷要填写本卷的总件数。

2.1.3.7　归档号：填写文书处理号，由立卷人填写。

2.1.3.8　档号的编制：

封面档号由全宗号、目录号、案卷号组成。

全宗号：档案馆指定给立档单位的编号。

目录号：全宗内案卷所属目录的编号，在同一个全宗内不允许出现重复的案卷目录号。

案卷号：目录内案卷的顺序编号，在同一个案卷目录内不允许出现重复的案卷号。

2.1.4　卷脊项目包括：全宗号、目录号、年度、案卷号，以及其排列格式尺寸。

2.2　软卷皮格式

使用软卷皮装订的案卷,必须装入卷盒内保存。

2.2.1　软卷皮外形尺寸:

软卷皮设封皮和封底,其封皮和封底可根据需要采用长、宽为 297 mm×210 mm(供 A4 型纸用)或 260 mm×185 mm(供 16 开型纸用)的规格。

2.2.2　软卷皮封面项目:

软卷皮封面项目及填写方法均同硬卷皮格式。封面项目尺寸、位置。

2.2.3　软卷皮封二项目:

软卷皮封二设置项目包括:顺序号、文号、责任者、题名、日期、页号、备注,以及各项目具体位置、尺寸。

软卷皮封二项目的填写方法同以下 3.4 卷内文件目录填写方法。

2.2.4　软卷皮封三设置项目包括:本卷情况说明、立卷人、检查人、立卷时间,其尺寸位置。

软卷皮封三项目的填写方法同以下 4.3 卷内备考表填写方法。

2.3　卷盒格式

2.3.1　卷盒外形尺寸采用 300 mm×220 mm(长×宽),其高度可根据需要分别设置 30、40 或 50 mm 的规格。在盒盖翻口处中部要设置绳带,使盒盖能紧扣住卷盒。

2.3.2　卷盒封面和卷脊格式

卷盒封面为空白面。

卷脊项目包括全宗名称、目录号、年度、起止卷号。

2.4　填写要求

填写案卷封面及卷脊时一律要求用毛笔或钢笔,字迹要求工整。

3　卷内文件目录格式

3.1　目录用纸幅面尺寸采用国内通用 16 开型(即长×宽为 260 mm×185 mm)或国际标准 A4 型(即长×宽为 297 mm×210 mm)。

3.2　页边与文字区尺寸

卷内目录用纸上白边(天头)宽 20±0.5 mm

卷内目录用纸下白边(地脚)宽 15±0.5 mm

卷内目录用纸左白边(订口)宽 25±0.5 mm

卷内目录用纸右白边(翻口)宽 15±0.5 mm

3.3　卷内文件目录项目包括:顺序号、文号、责任者、题名、日期、页号、备注,以及各项目具体位置、尺寸。

3.4　卷内文件目录填写方法

3.4.1　顺序号:以卷内文件排列先后顺序填写的序号,亦即件号。

3.4.2 文号:文件制发机关的发文字号。

3.4.3 责任者:对档案内容进行创造或负有责任的团体和个人,亦即文件的署名者。

3.4.4 题名:即文件的标题,一般应照实抄录。没有标题或标题不能说明文件内容的文件,可自拟标题,外加“[ ]”号。

3.4.5 日期:文件的形成时间。填写时可省略“年”、“月”、“日”字,在表示年、月的数字右下角加“·”号。

3.4.6 页号:卷内文件所在之页的编号。

3.4.7 单份装订的案卷应逐件加盖档号章。档号章的位置在每件文件首页的右上角。

3.4.8 备注:留待对卷内文件变化时作说明之用。

4 卷内备考表格式

4.1 卷内备考表外形尺寸及页边与文字区尺寸均同卷内目录。

4.2 卷内备考表项目包括:本卷情况说明、立卷人、检查人、立卷时间,以及各项目具体位置、尺寸。

4.3 卷内备考表填写方法

4.3.1 本卷情况说明:填写卷内文件缺损、修改、补充、移出、销毁等情况。案卷立好以后发生或发现的问题由有关的档案管理人员填写并签名、标注时间。

4.3.2 立卷人:由责任立卷者签名。

4.3.3 检查人:由案卷质量审核者签名。

4.3.4 立卷时间:填写完成的立卷日期。

5 案卷各部分的排列格式

5.1 使用硬卷皮组卷,无论装订与否,其案卷各部分的排列格式均是:案卷封面—卷内文件目录—文件—备考表—封底。

5.2 使用软卷皮组卷,其案卷各部分按下列格式排列:软卷封面(含卷内文件目录)—文件—封底(含备考表),以案卷号排列次序装入卷盒保存。

6 文书档案案卷格式监制

6.1 文书档案案卷的硬卷皮、软卷皮、卷盒、卷内文件目录、备考表的监制权属于各级档案局。

6.2 在卷皮封底的下部应印上“由××档案局监制”的字样。